给敏感、情绪化、
自我意识强烈孩子的
科学养育指南

子 怒无常的

[荷] 伊娃·布朗斯维德 著

姜云舒 蒲思妃 译

中信出版集团 | 北京

献给
苏菲、梅斯、莉丝、赛普

图书在版编目（CIP）数据

喜怒无常的孩子 : 给敏感、情绪化、自我意识强烈
孩子的科学养育指南 /（荷）伊娃·布朗斯维德著；姜
云舒，蒲思妃译 . -- 北京 : 中信出版社 , 2025.4（2025.7 重印）.
ISBN 978-7-5217-7128-2

Ⅰ . G78

中国国家版本馆 CIP 数据核字第 2024Y5T504 号

Temperamentvolle Kinderen
© 2021 Eva Bronsveld/Kosmos Uitgevers, Utrecht/Antwerpen
Illustraties: Jannie Engels
Lay-out binnenwerk: Jannie Engels en Zeno Carperntier-Alting
First published by Kosmos Uitgevers, The Netherlands in 2021.
Simplified Chinese translation copyright © 2025 by CITIC Press Corporation
ALL RIGHTS RESERVED

本书仅限中国大陆地区发行销售

喜怒无常的孩子——给敏感、情绪化、自我意识强烈孩子的科学养育指南

著　　者：[荷] 伊娃·布朗斯维德
译　　者：姜云舒　蒲思妃
出版发行：中信出版集团股份有限公司
　　　　　（北京市朝阳区东三环北路27号嘉铭中心　邮编　100020）
承　印　者：北京联兴盛业印刷股份有限公司

开　　本：880mm×1230mm　1/32　　　印　　张：10　　　字　　数：240千字
版　　次：2025年4月第1版　　　　　　印　　次：2025年7月第2次印刷
京权图字：01-2024-3606
书　　号：ISBN 978-7-5217-7128-2
定　　价：49.00元

看过这本书的读者们这样说：

"这本书对我们家来说非常宝贵。书中充满了真知灼见和实用的建议，并且能够引发许多共鸣。"

"这本书真是太棒了。它提供了许多建议，不仅可以用于教育儿子，还适用于课堂！"

"我真的很喜欢阅读其他家长那些引人共鸣的经历。"

"这些建议让我能够保持冷静，减少冲突，更好地享受与我那高敏感的孩子一起度过的时光！"

"这本书就是我的圣经。我愿意向所有人推荐它！"

"一本提供了实用建议的超级好书。终于有一本书让作为家长的我不再感到自责，它帮助和激励我以不同的方式去处理事情。要是我早两年买到这本书就好了！"

"这是一本非常棒的书，里面有很多实用的例子和建议，我真希望我的父母过去也能有机会读到这本书；这本书还使我更加确定和相信这一点——这世上存在着许多这样的孩子，'标准方法'并不能在教育他们的过程中奏效。现在我更加了解如何才能找到正确的方法来养育我的孩子了。"

"对于那些有着强烈的自我意志（或者说'情绪化''高敏感''个性强'……无论你想怎么看待或者称呼都可以）的孩子的父母来说，这本书是一场盛宴，可以为他们带来共鸣和欢乐；这是一本清晰明了的好书，书中解释了很多内容，并针对如何应对一些特定的行为给出了明确的建议。"

"我终于有了一种仿佛在读一本关于我家孩子的'使用说明书'的感觉。书中的内容让我产生许多共鸣，而且幸运的是，还有许多实用的建议。"

"非常易懂、清晰、信息丰富。读过多本育儿书籍后，我最喜欢的就是这本书。强烈推荐给每一位家长，无论您的孩子是不是高敏感儿童。"

伊娃·布朗斯维德

目 录
contents

序 言

来自《春之甜美》的作者 蒂尔扎·范·斯希

我已经忘记了我们是从哪一年开始改变的，但我永远不会忘记做出决定的那个时刻。当时我把我们的四个孩子叫到桌前。女儿们还都很小，正处于幼儿时期，但已经到了可以参与家庭会议的时候了。一说到参与这样的"大事"，孩子们都表现得非常积极而自豪，迫不及待地爬到了自己的座位上。

我说道："孩子们，从现在开始，我们要做出改变了。我最近读了很多书，我觉得我以前教育你们的方式不太明智，以后我会改变的。哦，对了，我以后再也不会惩罚你们了。"

两个年龄较大的孩子开始争相喊叫起来。"再也不惩罚啦？""哈哈哈，再也，再也，再也不会啦？""就算我在桌子上画出一道道痕迹，或者把所有东西都弄坏了，也不会受到惩罚吗？"

"那你为什么要那么做呢？"我问道。

他们沉默了一会儿。

嗯……他们到底为什么要那么做呢？

i

对我来说，这象征着父母和孩子可能陷入了一种令人不快的关系。在这种关系里，似乎理所当然地存在着权力的施加方和对这一权力的反抗方，而非建立相互信任和友谊的基础。作为一个性格骄傲且高度敏感的人，我花了一些时间才开始接受不同的方式，但我必须做出改变。教育孩子似乎免不了斗争，而我对此已经完全厌倦了。这种方式是行不通的。

一开始，我确实面临着实践上的问题。从现在开始改变教育方式是一回事，但实施起来又是另一回事，而伊娃就是在这个时候出现的。第一次读她的书时，我忍不住哭了出来，不是因为书里充满了实用的建议，也不是因为这些建议听起来都是那么有道；不是因为书中有很多值得肯定的地方，也不是因为她那清晰明了而充满爱的语言……不，我想我之所以动情，最主要的原因是我通过回溯过往，理解了自己内心那个敏感的孩子。那个永远无法在权威下安定下来、总是在反抗的孩子，那个讨厌被迫做任何事情并因此提前离开学校的孩子。这个孩子现在已经成了一个三十多岁的成年人，还有了四个孩子，而她现在被困在一种教育方式里。这种方式对她的大儿子不起作用，就像过去对她自己也不起作用一样。

在大儿子刚出生的那几年里，我曾多次用惩罚或者奖励的方法对待他，但这些都像滑溜溜的肥皂那样从他身上滑了下来。他好像就是不能改正错误，我们甚至给他起了个绰号"永远一个样先生"。因为无论我们如何说，如何叫喊，如何哀求，如何咆哮，如何禁止或者惩罚，只要是我儿子想干的事，他还是会干……永远一个样。真是有其母必有其子。那么我为什么不彻底改变自己的方法呢？我想这并不会给我造成什么损失。

孩子们现在都长大了：分别是 18 岁、14 岁，还有两个 12 岁。我敢说，他们还是我们最好的朋友。我们家里没有对抗关系，这在青少年中似乎是很罕见的。当然也会有成长的烦恼，但大多数时候我们都很享受和彼此的相处。有时会遇到一些复杂的问题，但我们会将其视为一种解谜游戏，每个人都要承担责任并思考如何解题。当然，我们也会有生气的时候，有时也会发生激烈的争执，就像朋友之间偶尔也会有分歧一样。但我不敢想象，假如我们当时继续与大儿子对抗——或者更糟糕一点，假如我摧毁了他坚强的意志——他的青少年时期会是什么样子。权力是我们关系中的症结所在，而伊娃的方法解救了我们。

这就是为什么她的书至今仍放在我的书柜里，有时我还会翻阅它，但大多数时候我只是把它拿起来看一眼。这时我会把目光投向封面，在心中感激它给我们带来的一切。然后我会把它放回书柜，因为我对这本书情有独钟，也为了以防万一——或许有一天，我的孩子们也会有自己的孩子。

不过老实说，我觉得他们可能并不需要它。而这或许就是我最喜欢这本书的地方——无论你的背景如何，无论你来自哪里，你永远可以选择不同的道路。而且新的方式也可以自然而然地由父母传递给子女，就像过去的模式一样。我们曾在厨房的餐桌上讨论过这一方式，在此后的岁月里接受了它，并将其变成了我们自身的一部分，从而培养出了四个坚强、可爱、善于社交且幸福快乐的青少年……

我祝愿每位父母都能拥有这样的体验。

引　言

或许正如你一样，我拥有世界上最好的孩子。他们可爱、热情、活力四射又激情满满。在大多数日子里，和他们一起的生活就像是一场盛大的派对，充满了欢声笑语，还有许多亲密的拥抱。

但是，为什么我们家的情况有时会变得如此艰难，艰难得令人难以置信呢？为什么我的女儿只是因为有人给她量了一下脚的尺寸，就会在鞋店里放声尖叫？为什么我原本温和的儿子一到生日就会突然变成一枚失控的导弹，什么话也不听了呢？为什么我们的孩子会在一场愉快的聚会后在屋子里到处搞破坏——哪怕他们其实已经累得要死了呢？（我还可以举出很多例子，但我相信你现在应该已经明白我在说什么了。）

在很长一段时间里，我都认为这是我自己的问题。也许是我没有很好地应用我作为育儿专家向别人提出的那些建议。也许是我坚持得不够，或者是我太过急躁了。也许是我把标准定得太高，对我的孩子要求太多了。

但我知道症结并不在此。我或许不是一个完美的母亲（远远不是），但我也绝对不是一个糟糕的母亲。

我开始进一步深入研究，结果你猜怎么着？孩子们确实可能在出生时就具有不同的性格。多项研究表明，某些特质确实是天生的。我的女儿并不是因为我过于溺爱她而变得如此敏感，事实恰恰相反——由于她是这样敏感，她更加需要被关怀，而我作为母亲为她提供了这样的关怀。而我的儿子也不是因为我总是顺着他的意愿行事而拥有强烈的自我意志——我确实经常给他自己做选择的空间，正是因为他对此有着迫切的需要。

在实践中，我还发现了更多像我家孩子这样的孩子。他们有着非常强烈的自我意志，更喜欢按照自己的计划行事，但同时又最渴望和谐。他们一方面迫切需要安静和放松，但另一方面又愿意迎接一个又一个挑战。像我的孩子一样，这些孩子需要更多的东西才能茁壮成长。在我举办的每场育儿讲座或者研讨会上，总有一些家长也有这样的孩子。这些家长家里的情况也比其他家庭更为困难，他们也感觉自己的孩子需要更多帮助。我遇到过经常对孩子感到不知所措的家长，整天与孩子争吵的家长，或者发现自己正在对孩子大喊大叫、连自己都被自己的行为吓了一跳的家长。

从那时起，我便开始在博客上讨论这个话题。

读者们的反应令我意识到，拥有这种性格特质的儿童群体比我最初想象的要大得多。我决定开始针对这一目标群体举办专题研讨会——专门为那些"脾气比较大"的孩子们的父母举办的研讨会。这些研讨会对所有参与者来说，都是一次充满共鸣的盛宴。活动结束后，我经常收到家长们的邮件，说他们又能够享受和孩子的相处了。有些人表示他们更理解自己的孩子了，也能再次看到孩子的可爱之处了。还有人说他们家里的冲突少了很多，孩子发脾气的情况也大大减少了。还有越来越多的人询问我是否愿意把所有的内容写下来，以便他们可以在回家后再次阅读。五年前我就做了这件事，写了一本充满了各种想法、建议、解释和实用技巧的书。书中还列举了很多父母分享的案例（非常感谢），因为每个孩子和每个家长都是独特的。

自那时起，这本书已经售出了 50000 余册，而它被阅读的次数至少是这个数字的两倍。这本书会被摆在床头，借给爷爷奶奶、老师和其他教育工作者，还被数不清的育儿师借给了来访的父母。我对此感激不尽，因为我能够启发和帮助的父母和专业人员越多，就意味着世界会变得越美丽、越可爱。

这么多年过去了，确实到了对原书做一些补充的时候了。人们提出了很多新问题，比如想要知道如何将这些建议应用于一至三岁的儿童身上。人们还表现出了更大的知识需求，希望了解如何给孩子设立规则等等。

需要注意一点，这本书中的所有建议适用于所有儿童，只是那些高敏感的孩子更需要它们。

第 1 章

| 什么是高敏感儿童?

你的儿子也会因为他的蜘蛛侠 T 恤被洗了而暴跳如雷吗? 你的女儿会因为她的涂色卡还没有完成而拒绝坐到餐桌旁吗? 你的孩子会因为老师当天对他发了脾气, 回家时情绪完全失控吗? 总而言之, 你的孩子对许多日常事务的反应是否更加激动、更加强烈或者更加情绪化?

那么你很可能碰巧遇到了一个高敏感的孩子。这有非常积极的一面, 但在日常生活中也可能会相当棘手。后者可能就是这本书现在摆在你面前的原因。希望本书能帮助你了解你的孩子性格中积极的方面, 并为你提供一些建议, 让你们双方都能找到方法, 从而愉快地应对棘手的方面。

高敏感儿童的四种特质及组合

丨 什么是高敏感儿童？

我所说的"高敏感儿童"指的是那些情感强烈、敏感、观察力强又有着强烈自我意志的孩子。这些都是很棒的特质，甚至是我们在成年人身上非常看重的特质，但当它们出现在孩子身上，却常常被视为麻烦。

当然，每个孩子都是独特的。高敏感儿童和其他孩子一样，在具备某些特质的程度上也存在差异。然而在实践中，似乎有许多孩子在这些特质上的"得分"都高于平均水平。

并不存在一个固定的框框可以把一个孩子套进去，我想要的也绝对不是再开发出一个新的标签来贴在孩子身上。恰恰相反！这些只是许多家长在自己孩子身上发现的一组特质的集合，但孩子们在某种特质的强度上可能会有所不同。例如，一个孩子可能拥有极强的自我意志，但在敏感方面只是略高于平均水平，而另一个孩子可能具有惊人的观察力和强烈的情感，但在自我意志方面仅略高于平均水平。

此外，你的孩子还具有其他特质，这些特质都会影响他的感受和行为。如果一个高敏感儿童非常外向，那么他的行为表现就会与一个内向的高敏感儿童有所不同。如果他非常活泼好动，那么他的表现也会与同样高敏感但非常安静的同龄孩子有所不同。

　　然而，很多父母都表示他们能从关于高敏感儿童的描述中认出自己的儿子或女儿，这似乎证明了把这些孩子分组描述是合理的。这并不是为了给他们贴上标签，而是为了便于给父母（以及老师、爷爷奶奶、舞蹈老师、足球教练和其他人）提供一些建议，帮助他们和这些特殊的孩子相处。

　　因此，让我们进一步深入了解一下高敏感儿童身上相比于大多数孩子表现得更加强烈的那些特质吧。

| 情感强烈

　　一个情感强烈的孩子对任何事物的体验，都是非常强烈的。因此，情感强烈的孩子可能会非常热情，对事物的反应极其热烈，对某项爱好充满激情，或者大笑不止，但他们也可能因为自己深刻的体验提出非常深奥的问题。这使得他们常常显得非常睿智。

来我家的访客常常料想不到自己会经历什么。我们的儿子杰斯珀如此热情洋溢地迎接他们，有时甚至都会让他们觉得有些不好意思。

诺娃可以笑得坐到地上去。她的笑声是如此具有感染力，以至于常会发生所有来访的人都开始跟着捧腹大笑的情况，尽管我们大家根本不知道究竟发生了什么。

林德对各种事情都有非常深入的思考。她每天都会提出一些哲学问题，还能深入探讨一些我这辈子都没有考虑过的事情。

这种强烈的情感也可能造成很多棘手的局面。例如，你的孩子会更加深刻地体验到负面情绪，他表达情绪的激烈程度也会令人印象深刻。此外，他的热情表现有时可能会显得非常吵闹，从而使其他人感到不适。这里还要说一下，也有一些高敏感儿童的反应从表面上看起来要平静得多，但他们的内心却有强烈的情感。

当瓦莱丽撞到大脚趾时，她发出的尖叫声仿佛她要被杀害一般。那尖锐的声音似乎可以穿透骨髓。当我回应"哎呀，这也没那么严重吧？"时，她只会叫得更大声。

梅斯无论如何都无法安静下来。他不是故意想要捣乱，他只是在做任何事情时都非常吵闹。他似乎无法正常说话，总是在大喊大叫。早在他一个月大的时候，儿童咨询中心的人们就对他的音量印象深刻。在家里，有时我也会为此抓狂，但在其他人在场的情况下，我会为此感到非常羞耻。

当乔安娜遇到非常伤心的事情时，她真的会崩溃。她可能会在自己的房间安静地躲上半天，并且完全封闭自己，把自己和所有的人和事完全隔绝起来。

| 敏感

除了这种强烈的情感，高敏感儿童还有着超出平均水平的敏感一面。高敏感儿童需要和谐。他们希望让其他人感到愉快。他们有一颗宽容的心，常常会有许多爱的表达，比如甜蜜的话语、紧紧的拥抱或者写着爱的宣言的字条。他们能够非常好地理解他人的感受，能做到对他人感同身受。

彼得希望每个人都能开心，他能很好地感知他人的情绪。当我情绪低落时，他总是第一个察觉到，而且他真的会尽最大努力让我开心起来。

玛丽经常过来亲吻我，并告诉我她很喜欢我。有时她会从游乐场的另一头跑到我身边，只为了来抱抱我。

亚伯在上幼儿园的时候就会给其他孩子写一些甜蜜的字条。当我们一起烤小蛋糕时，他最喜欢把它们分享给每个人，哪怕这意味着他一个蛋糕也没有留给自己。

这种敏感性当然也有负面影响。例如，你的孩子可能会更容易为糟糕的气氛困扰，更容易被压力过大或反应暴躁的人影响。他还可能对嘈杂的声音、令人发痒的织物和其他外界的刺激更加敏感，有时这甚至会严重到妨碍他的正常生活。

罗安 5 岁的时候，我们第一次去电影院。他当时真的对这件事充满了期待。然而不到十五分钟我们就离开了。那里太黑了，声音也太大了，而那部适合所有年龄段的电影对他来说还是太过紧张了。

芬娜还是个婴儿的时候，她就受不了拥挤的环境。我还记得我们第一次去商店的情景。她当时安静地躺在婴儿车里，但我们一进店门，她就开始尖叫起来。那时我还不知道这是什么原因造成的。我还以为她受伤了或者尿布脏了。现在我知道了，那是声音和光线导致的。她现在 6 岁，已经可以顺利地去商店购物了，但是在喧闹的地方逛一整个下午对她来说着实还是太费劲了。

| 观察力强

观察力强的孩子会看到和听到我们大多数人根本没有关注到的事物。他们善于观察细节，能够察觉到别人完全不会注意到的细微变化，有时候他们会表现得非常敏锐，因为他们对周围的世界有着极强的洞察力。尤其令人印象深刻的是，他们往往对于外在美有着强大的感知力。

> 如果我去过了理发店而没有人注意到我的头发，内森常常是唯一一个会说点什么的人。"嘿，妈妈，你的头发看起来真漂亮。"他会这么说。当我穿了一条新裙子时，他也会第一个注意到，而且通常还会说上几句好听的话。
>
> 我一点也不喜欢博物馆。我觉得它们很无聊。所以我也从来没想过要带娜塔莎去博物馆，但是当她的一个朋友在班上谈及荷兰国立博物馆时，娜塔莎表示自己也想去看看。我本来还觉得很讶异，但是娜塔莎去了之后真的很开心。她觉得那里很美，而且她从每一幅画中都能看到我完全没有注意到的东西。当我透过她的眼睛观看时，我自己也开始喜欢上那里了。

这样敏锐的观察力让他们可以更好地关注周围的世界，但也可能导致他们容易分散注意力，从而无法专注于自己正在做的事情。他们看到的细节太多，有时可能会因此感到不知所措。此外，他们可能需要更多的时间来适应某个环境，因为他们需要先消化自己的所见所感。

> 米拉经常兴致勃勃地开始做一件事，但五分钟后就又开始忙别的事了。她真的会从一件事情跳到另一件事情

上。早上穿衣服对她来说就是一场灾难。不是因为她不想穿，而是因为她很容易被一点小事分散注意力。

戴维已经在学校待了半年了，他非常喜欢这里。然而对他来说，最初的五分钟总是那么难熬。如果有什么东西和平时不一样，比如课程表没挂好，挂画板的位置改变了，他都会注意到。而在这样的教室里又总会有一些与平常不同的东西。

| 强烈的自我意志

高敏感儿童知道自己想要什么。他们非常有创造力，会想出各种办法来实现自己的目标，并且会坚持不懈，直至成功。

他们目标明确，坚定不移，并且非常擅长保持自我。他们相信自己的观点，并通过亲身体验来学习。自己做事，自己选择，自己发现，自己决定——这一切对于高敏感儿童来说都非常重要。

有些高敏感儿童还喜欢寻求刺激。他们想要探索世界，做一些令人兴奋的事情，踏上冒险之旅。

尽管汤姆只有 14 个月大，但他已经表现出非常强烈的自我意志。如果他想要什么而我们不允许或者不明白时，他就会变得非常沮丧，并且开始尖叫。而此时，以可怕著称的 2 岁尚未开始呢。我们感到非常担心。

"自己做"几乎是巴斯蒂安说的第一句话，现在他已经 7 岁了，这仍然是他的信念之一。他总想自己尝试和检验事物，想要自己体验。5 岁时，他开始自学阅读，并没有老师教他这样做。他只是在某天觉得自己已经长得足够大了，就开始这么做了。而我只是负责把他送到图书馆而已。

强烈的自我意志当然也可能造成非常棘手的情况。一旦你的孩子脑袋里有了一些想法，他就很难改变。有时这可能会很麻烦，因为其中有些想法可能是你觉得不太明智的。而对于高敏感儿童来说，完全对你言听计从也是很难受的。这会使很多事情变得非常复杂。

我有时会觉得非常累。一天中有很多事情要做：穿衣服、坐下吃饭、刷牙、上学、打扫卫生、上床睡觉，所有这些在我眼里都似乎是理所当然的事情。但对薇柯来说，没有什么是理所当然的。她真的会对所有事情都提出疑问。幼儿园老师也从未遇到过这种情况。"这是我第一次为了让一个孩子做事而和她展开谈判。"老师最近这么说。

伊莎贝尔一旦有了自己的想法，就不会动摇。在长达六个月的时间里，她真的每天都在唠叨一件事——要求和朋友们一起去游泳，不带父母。但因为伊莎贝尔学会游泳还没多久，我觉得这实在是太不负责任了。你可能会以为她几天后就会忘了这件事。然而半年后，当我觉得她游得足够好了，她的反应是："嘿嘿，总算可以了。"

| 特质的组合

这些特质单独来看就已经相当特别，但是当所有这些特质聚集在一个孩子身上时，就会变得非常有趣了。有时这些特质看起来几乎是相互矛盾的。在某些情况下，这实际上对你的孩子是有利的。比如，他强烈的自我意志可以帮助他尝试一些他因为敏感而觉得太过紧张的事情。反过来，尽管他的强烈自我意志促使他倾向于做自己想做的事情，他的敏感性又会让他考虑到其他人的感受。

对马丁来说，许多事情都太令他紧张，所以我非常高兴他也有这么强的自我意志。如果他没有这样的意志，他可能会因为害怕而整天待在家里看书。他对新体验的强烈需求使他经常能够克服这种恐惧。

> 安娜贝尔有时会做一些她其实没兴趣做的事情，其唯一的原因就是她希望能让我开心。如果我们没有如此深厚的感情，我想我可能连让她穿上鞋子都做不到。

正是由于这些特质的组合，养育高敏感儿童对大多数父母来说变得格外困难。这些特质之间可能会产生很大的冲突，导致你的孩子有时甚至自己都不知道自己到底想要什么或需要什么，更不用说让你清楚地理解他的需求了。

> 洛特总是让自己陷入糟糕的困境中。比如，一方面她很想和三个朋友见面，但是当她们来了后，她又宁愿自己一个人静静地读书。这也让我很难设定规则。我经常不知道她到底需要什么。
>
> 事实上，马蒂斯在家里玩乐高或者我们在森林里搭小屋的时候情绪是最好的。然而，他最想去的却是热闹的室内游乐场、激动人心的电影院，或者是设有充满挑战性的过山车的游乐园。他也确实很喜欢这些地方，但最后总是以发脾气告终，因为这些地方对他来说负担还是太重了。

此外，这种组合有时会使你孩子的行为变得很难预测。前一刻他还超级可爱、温柔、随和，但下一刻他可能又变得非常倔强，完全是对抗的态度。前一刻他还兴高采烈地一头扎进某件事情中，但紧接着就可能会因为这件事情对他的要求太多而心烦意乱。

> 我觉得最让我感到疲惫的是不可预测性。有些时候似乎一切都顺风顺水。就在我因为如此顺利而开始稍稍放松的时候，突然一切又变得非常麻烦。
>
> 有时候，那森下午会连续玩几个小时的积木。他会全神贯注地投入其中，不愿被打扰。有时他会连续一周每天都这样。但是，当我想着我可以在家工作一个下午时，他却在五分钟后就玩够了，接下来每隔几分钟就需要我的帮助来做点别的事情。

你并不能控制你的孩子与生俱来的性情。如果你是多个孩子的家长，你可能很早以前就注意到了这一点：他们在刚来到这个世界时就可能有着巨大的差异。有多项研究表明，儿童从小对刺激的反应、表达自己的激烈程度以及适应环境变化的难易程度都大不相同。你的孩子与其他孩子不同，这并不是你的幻想。他更容易情绪激动、更容易受到刺激、更加固执己见，这些也不是你的教育方式造成的。这些确实都是与生俱来的特质。然而，作为父母，你对孩子的个性和脾气的发展有着巨大的影响。你的孩子接受的教育在很大程度上决定了这些与生俱来的特质将以何种方式相互作用，并继续影响他的余生。

他天生的这些特质是会成为他的优点，还是会给他带来很多麻烦，在很大程度上取决于你现在对待他的方式。而他对自己的看法，也在很大程度上取决于你如何看待他、如何和他相处以及他在童年时期的经历。

因此，能够欣赏孩子这些特质非常重要。而这确实不那么容易。当然，有时候你可能会想：唉，要是他能简简单单地按我说的做就好了。或者：为什么他总是对袜子的缝线耿耿于怀呢？

这也没什么关系。但如果这些想法占据了主导地位，那就该换个角度来看看你的孩子了。

接受孩子本来的样子

你的孩子可能和你希望的完全不同。只要你还没有完全接受这一点，你就会下意识地想要改变你的孩子。他会敏锐地感觉到这一点，这可能会让他感到不安。他没有选择带着这些特质出生，而且他也没有能力改变自己的天性。他也不需要改变。你的孩子并不需要被"修理好"——毕竟他并没有坏掉。

当我们有了儿子的时候，我已经在心中想象出了他的样子。他会是一个坚强的小伙子，能够承受一些打击。我已经开始期待与我的朋友们及他们的儿子一起参与激烈的角力游戏和足球比赛了。很快我就发现，托恩是一个非常敏感和温柔的小伙儿，而非一个硬汉。我花了好几年的时间才真正接受这一点。不是说我不爱他，我一直爱着他，只是我长久以来一直希望他能变得更加坚强一些。

我的丈夫和我都很温和。我们说话轻声细语，动作轻柔，总是非常放松。所以我真的预期我们的女儿也会是这样。但我不得不尽力适应她的性情。她会像一阵旋风一样穿过房间，整日大声唱歌，生气时还会大喊大叫。在她之后我们又有了一个儿子，他和我们更加相像。我真的必须非常小心，注意不要过多地批评我女儿的性格。

| **以积极的眼光看待孩子的特质**

性格特质没有所谓的好坏之分。所有的特质都有其积极和消极的方面。此外，一种特质被视为积极的还是消极的，很大程度上还取决于环境、情况和评价的人。

　　我们当时在一家餐厅里。注意，这不是一家高档餐厅（我并不会带菲利普去那种地方），而是一家温馨宜人的家庭餐厅。我们旁边的桌子坐着一个非常得体的家庭。他们安静而整齐地坐在桌边。

　　他们的孩子彬彬有礼地拿着餐具吃着东西，说话声音也非常轻。而我们的孩子说话大声且热情洋溢，他们热烈地讨论着，笑得前仰后合。

　　我们旁边那个家庭的母亲多次用不赞成的眼光看着我们，我感到非常尴尬。不知不觉中，我开始以她的眼光看待我的孩子们,并开始以这样的方式对待他们。"嘘,能不能安静点?"

"小声点,孩子们,这里还有其他人呢。"我开始这样对他们说。直到后来,一位服务员站在我旁边说道:"哇,这里真是快活呀。看你们在一起这么开心真是太棒了。"这令我一下释然了。

尽可能以积极的眼光来看待孩子的特质。这里列出了一些积极的词语,你可以试着使用它们:

情感强烈	**敏感**
☼ 热情洋溢、奔放、充满激情、生机勃勃、真挚、热忱	☼ 善解人意、富有同理心、开放、温和、温柔、平易近人
☁ 而不是歇斯底里、夸张、急躁、狂野、喧闹、不羁	☁ 而不是多愁善感、脆弱、易怒、软弱
观察力强	**强烈的意志**
☼ 注重细节、敏锐、机警、细心、富有批判性、专注	☼ 坚定、目标明确、有主见、不可动摇、坚定有力、执着、持之以恒
☁ 而不是吹毛求疵、刁钻、挑剔、容易分心	☁ 而不是固执、顽固、任性、叛逆、对抗、强硬

当然，积极的眼光并不等同于玫瑰色的滤镜。当你学会以不同的方式看待你的孩子，你就站在了改变彼此相处模式的起点上，并开始建立一种让你们双方都感到愉快的关系。这样，你们就能共同创造一个孩子成长所需的充满激励和爱的环境。关于如何做到这一点，你将在本书的其余部分找到答案。

第2章

| 高敏感儿童需要什么?

高敏感儿童需要更多的支持才能好好成长。他们比大多数同龄人更需要联系、掌控感、可预测性和放松。作为父母,你越是能满足这些需求,你的孩子就会过得越好。

> 如果我能充分满足梅勒尔的需求，她就会是一个非常令人喜爱的孩子。事实上，她比我们的其他孩子更乐于助人，更富有同情心。但实际情况是，我并不总能满足她的需求，那时她就会变成一个脾气暴躁、坐立难安、桀骜不驯的女孩。

当然，不同的高敏感儿童对特定事物的具体需求也会有所不同。一个孩子可能极度需要掌控感，而对可预测性的需求稍低；而另一个孩子可能有联系的需求，而对掌控感的需求较少。你最了解你的孩子，因此在阅读了这一章之后，你自己也会最清楚哪些事物对他最有帮助。

基本需求

所有孩子都有基本的生理需求。当他们饿了，他们需要吃东西；当他们累了，他们需要睡觉。然而，相比普通孩子来说，这些对于高敏感儿童影响更大。如果一个普通孩子因为在派对上玩得太开心，那就是晚睡一个小时，对一个高敏感儿童来说，这可能意味着他躺在床上整整三个小时却睡不着，最终导致一场剧烈的情绪爆发。高敏感儿童感到饥饿的时候，就必须立刻吃到东西。如果多等上半小时，他就可能因为看到今天吃的是豆子而不是他期待的千层面产生歇斯底里的反应。这是你可以相对容易考虑到的事情，而且已经给许多家庭带来了很大的改变。

确保睡眠充足

大多数高敏感儿童需要比平均水平更多的睡眠。如果你孩子的睡眠时间始终低于下面列表所示，那么他的脾气爆发和情绪失控很可能是由于睡眠不足引起的。

> **平均睡眠需求指南:**
> - 1 至 3 岁的儿童：每天 13 小时，其中包括午后小睡时间
> - 4 至 5 岁的儿童：每天 12 小时
> - 6 至 9 岁的儿童：每天 11 小时
> - 10 至 13 岁的儿童：每天 10 小时

这也是你可以快速取得进展的事项之一。让孩子有更多获得充足睡眠的机会，可以帮助他更好地应对自己遇到的事情。不幸的是，对于一部分高敏感儿童来说，这说起来容易做起来难。他们很难入睡，或者很早就醒了，或者会更频繁地在夜间醒来。因此，第 7 章将对这个话题给予更多的关注。

乔纳斯从来不会睡很长时间。他通常九点左右才睡觉，早上六点就醒了。但是，他白天似乎并不感到疲倦。他总是精力充沛。在一次研讨会上，我听说很多令人头疼的行为都是由睡眠不足引起的，于是我们开始让他早点上床睡觉。奇怪的是，他早上也醒得更晚了。现在他可以连续睡十二个小时，而且情绪爆发的次数确实大大减少了。

| 提前考虑睡眠不足之后的第二天

当然，有时候你的孩子会睡得比较少。外出一天或者晚餐吃得晚，都可能导致你的孩子比平时更晚上床，而且入睡也更加困难。那么，在接下来的一天就需要考虑到这一点。这时的他可能会更加烦躁易怒，对事物的承受力会降低。因此，在这样的一天去一个热闹的商城就不是个好主意。最好安排放松一天，并且记住这一天你可能需要更多的耐心。

| 确保常备水

如果你的孩子感到口渴，他需要立即喝上水。高敏感儿童可能会因为口渴而感到痛苦不堪。所以，请确保随身携带一瓶水。如果你发现孩子变得烦躁易怒，一定记得给他喝些水。水还有让人放松的效果，所以即使你的孩子不渴，在他暴躁或者不安的时候给他喝点水也会有帮助。

> 丽莎放学后总是心情烦躁。我常常和这个发脾气的孩子一起待在学校操场上。有一次我碰巧带了一瓶水,就问她要不要喝一点。她喝了半瓶,之后就放松了很多。现在,我总是在她的书包里放一瓶水,这样她在一天结束时就可以先喝一些了。

| 教会你的孩子注意身体的信号

有时候,你的孩子可能根本意识不到自己渴了或者饿了。他可能太专注于手头的事情,以至于忘记关注身体发出的信号。当你突然要求他做些什么的时候,他却可能会因为渴了或饿了而表现得很生气。因此,一定要教会他好好注意这类信号。让他时不时停下来,感受一下自己的肚子或喉咙:肚子饿吗? 喉咙感觉还舒服吗? 等他再长大一些,告诉他还可以时不时地关注身体的其他地方。毕竟,当他感到口渴或饥饿的时候,你并不总在他身边。

> 皮姆有一个朋友。他们放学后会一起去那个朋友家里玩。他们总是直接去玩,然后一下午什么也不喝。当我

> 去他的朋友家接他时，有时候怎么也叫不动他。当我到家以后问皮姆是否感到口渴时，他告诉我他在朋友家里从来没有喝过水。然后我便告诉他，他可以要一杯水随时喝。

| 孩子饿了就是饿了

有些孩子的生活非常有规律。他们每天都会在同一时间感到饥饿，只要你稍微引导一下，这些孩子就能在固定的时间进食，而其他孩子就没有这种规律。他们可能在前一天午餐时吃四个三明治，而到了第二天的同一时间却几乎什么也不吃，但到了下午两点半却突然饥肠辘辘。尽管这有时会很麻烦，但你确实不能期待你的孩子只在符合你日程安排的时间段感到饥饿。要确保他在正常用餐时间之外也能随时找到一些健康的食物来吃。例如，你可以早上在冰箱里准备一个零食盒，里面放一些蔬菜沙拉、坚果、葡萄干或者奶酪块。这样如果你的孩子感觉饿了，他就可以自己拿点东西吃，这样你也能避免因为他想吃小蛋糕而抱怨了。

对联系的需求

所有孩子都需要与人建立联系。孩子和父母之间的联系越紧密，孩子就能越好地成长，他们就会越舒适，也就越容易配合。

与其他孩子相比，这一点对于高敏感儿童来说尤为重要。作为父母，你越能设法满足孩子对于联系的需求，这种需求就越有利于孩子。高敏感儿童会更加努力地与你及周围的其他人保持良好的关系。他们往往非常善于维护社交关系。

除了对联系有更多需求外，他们还需要更频繁地确认这种联系的存在。为了持续感受到自己与他人之间的连接，他们对父母有更多的需求。因此，父母必须在与孩子的关系上投入更多。一旦他们知道并感受到这种联系是无条件存在的，他们就会敢于走自己的路。

| 更多时间

要加强与孩子之间的联系，最直接的方式就是花更多时间与孩子在一起。因此，你在制订计划时就需要考虑到这一点。当然，你的时间是有限的。除了照顾孩子，你还会有其他值得安排进日程的事情，但是你能够为孩子腾出的时间越多，对你们双方就越有好处。你还可以把必须做的事情和陪伴孩子的时间结合起来。毕竟，我们经常在洗碗的时候交谈，所以一起购物、一起做饭或一起打扫房间都是加强关系的好方法。

在与朱莉娅相处得不那么顺利的时期，我总倾向于为自己做更多的事情。我非常需要独自离开一会儿，只为远离所有的负面情绪，那时我宁愿和朋友们去逛街，也不愿意待在家里陪孩子。而当我回到家时，朱莉娅常常比之前还难应付。现在，我会有意识地和朱莉娅一起做一些有趣的事情。我的丈夫会留下来照顾其他的孩子，而我和朱莉娅则一起去森林散步或者一起骑自行车。这样，我既能得到我需要的休息，同时也能增进我们之间的感情。这样我们俩都能补充能量，而在这一天剩下的时间里，朱莉

> 娅就会像个小太阳一样。现在,当朱莉娅上床睡觉后,我就和朋友们一起简单地喝杯酒。

不过,这些仅适用于你们一起度过的时间很愉快的情况。如果你感觉自己在牺牲,或者和孩子在一起经常让你感到很辛苦,那么你需要先照顾好自己,然后再和孩子一起共度时光,时间可以短一点,但要充满积极的能量,这样才更有意义。质量胜过数量。

| 真正地在场

仅仅在场对你的孩子来说是不够的。他希望感受到你真正在那里。高敏感儿童会更快地察觉到你的心不在焉。因此,请尽量将注意力集中在当下。尽可能清空你的思绪,并完全专注于此时此地。不要去想你的工作或者那堆还在等着洗的衣服。毕竟,你一次只能做一件事情。如果你觉得这很困难,你可以尝试着深呼吸,尤其是在你呼气的时候。试着在呼气时尽可能地放松身体,让你的肩膀下沉,扭动你的脚趾或做些其他事情来帮助你更好地放松身体。

| 每一个时刻都要有真正的接触

你的孩子希望在每个时刻都能感受到接触。这从早上起床的时候就开始了。如果你以真正的接触开始新的一天，比如和孩子在床上拥抱一会儿，或者坐在床边聊聊天，那么你就已经有了一个非常好的开端。比如，当你去幼儿园接孩子的时候，如果能弯腰蹲到和孩子视线齐平的高度或者把他抱起来说："嘿，亲爱的，见到你真高兴。"这也会有所帮助。当你的孩子在楼上玩了半小时再回到房间时，你也可以微笑或者轻轻拍拍他的头，让他知道你看到他了，这也是很好的做法。

即使有时你的孩子做了一些让你觉得烦的事情，在纠正他之前先与他增强联系也是很重要的。如果你家那位青少年放学回家后，把书包扔在角落里便穿着鞋大摇大摆地走进房间，看看你能不能试着先克制住立刻就要说上两句的冲动。如果你能先亲切地欢迎他并用手臂搂住他的肩膀，那么你们的下午将会以截然不同的方式开始。如果你稍后再把地板上的那些脏印指给他看，他很可能会嘟囔着说对不起，然后自己拿起抹布来把它们擦干净。

我们总要等着看诺亚早上是怎么下楼的。通过他下楼梯的方式，我就能听出来这会是个美好的早晨还是个糟糕的早晨。有时，他会唱着歌下楼，对每个人都很友善，毫无怨言地给自己涂抹面包，穿衣服时也不会发牢骚。有时，他还没坐到餐桌前，我就已经收到了他的第一句挖苦，有时他甚至会故意双臂交叉在胸前，摆出示威的样子坐在房间里，甚至拒绝到餐桌来。后来，我开始每天早上先坐到他的床边。我会轻轻地抚摸他的背，和他聊一会儿天。这有助于让他好好起床，而接下来的早晨就变得轻松多了。

| 经常对你的孩子说你很高兴有他在

经常让你的孩子知道你为他的存在而感到高兴。对他说"能做你的妈妈，我真的好幸运啊"或者"和你一起读书实在太开心了"，可以让你的孩子感觉到他无须做任何特别的事情就值得存在。反之，要谨慎使用诸如"你帮了我这么多忙，真是太好了"或"你玩的时候好乖呀"这类的评价。因为这可能会让你的孩子感觉他必须先做一些好事，你才会对他的存在感到高兴，而你的孩子需要的体验恰恰是他可以一直无条件地待在你身边。

这周我非常生我儿子的气。我反应很激烈并且提高了声音。我从他的表情看出他被我吓了一跳。"但我还是爱你的。"我说道。"是啊，我知道，"他说，"你不是总说你对我的爱像一个圈，而圈是无限循环的吗？那就算你生气的时候也是这样的，对吧？""太对了。"我说道。他听了这话笑得合不拢嘴。

尽可能选择能增进联系的活动

当你和孩子共度时光时，尽可能多选择能与孩子增进联系的活动。比起去室内游乐场，一起去森林里散步能够提供更多增进感情的机会；比起各自在屏幕前做自己的事情，一起读书能更好地加强彼此之间的纽带。尽可能选择那些能让你自己也感到快乐并获得能量的活动。如果你和孩子一起做的事情让你耗尽了自己的精力，孩子会敏锐地察觉到这一点，而这对增进联系并没有太多好处。

我们的宝宝小时候非常喜欢玩积木。我觉得玩个十五分钟还挺有趣，但时间再长我就真的玩不下去了。起初，我还是会陪他玩久一点，因为他确实还不会自己玩，但这总会让我有点烦躁。现在，我们会更多地做一些我也觉得有趣的事情，比如骑车去奶酪店，或者一起打理花园。现在我更享受和他在一起的时光了。

| 尽可能多对你的孩子微笑

与孩子增进联系的方式之一就是尽可能多微笑并友好地看着他。敏感的孩子常常会不断寻求一些小小的确认。通过微笑,你可以向孩子表明你和他在一起很开心。一个美好的附加效果是,当你微笑时,你自己也会感觉更好。这一点已经被研究证实,这就是所谓的"面部反馈假设"。

| 尽可能多与孩子保持视线平齐

对于年幼的孩子来说,你作为成年人站立的时候,就已经和孩子有了相当大的距离。可以说你是在俯视你的孩子。通过蹲下来、把孩子抱在腿上或在你站立时把他抱起来,你可以借此更容易地与孩子进行真正的情感接触。如果你的孩子在地板上玩耍,你也可以坐在地上,这样会非常棒。

| 尽可能多进行身体接触

拥抱、嬉戏、摸摸头,这些都是建立更多联系的方式。有些孩子喜欢拥抱,而有些孩子则不太喜欢。如果你的孩子真的很喜欢拥抱,那就尽可能满足他。只要孩子愿意,抱得越勤越好,抱得越久越好,最好是等到他自己松手时你再松手。如果你的孩子不太喜欢拥抱,那就寻找其他方式进行身体接触。给他的脚做做按摩,给他读一本书并让他靠在你身上,或者每天花时间好好嬉戏一番。但一定要仔细观察,看看他到底觉得怎样是最舒服的。毕竟多接触的意义绝不是要越过孩子的界限。

| 多多走进大自然

高敏感儿童不仅对于和你建立联系有着更多的需求，还需要和他们周围的世界建立联系。在森林或沙丘中，他们通常会感觉非常舒适。所以，要尽可能多带他们去这些地方。让他们尽情把自己弄得脏兮兮的，在泥泞中自由探索。搭建小屋或沙堡都是他们感受与自然之间联系的好方法。

| 尽可能多一起笑

你家里的笑声越多，你们就越能感受到彼此之间的联系。开开玩笑，讲讲有趣的故事，玩玩文字游戏。让家里多些笑声比让家里少些牢骚要容易得多。在你们一起开心的所有时刻里，你们都不会发生争吵。你最好意识到，你的能量对你孩子的影响是巨大的。如果你的孩子情绪低落、烦躁郁闷或者伤心难过，那么比起试图让孩子振作起来，提升你自己的情绪往往会得到更好的效果。如果你的情绪真的很好，那么你的孩子也更容易受到你的正面影响。

| 放一首欢快的歌曲

音乐会对你的情绪产生巨大的影响。你可以试着利用这一点。看看是否可以创建一些与你想营造的氛围相匹配的播放列表。如果你的孩子有些懒散或者喜欢抱怨，那么欢快的音乐可以让他振奋起来；如果你的孩子非常活跃，那么舒缓的音乐可以让他稍微平静一些。即使不是为了你的孩子，也可以为你自己这样做。一起跳舞也不错。把你的小宝宝抱起来跳，牵着你家幼童的手跳，或者和你家的青少年一起彻底狂欢一场。这听起来很简单，但它确实很容易打破消极的氛围。

｜　固定的接触时间

　　当然，在有些日子里你可能没有那么多时间，或者因为你脑海里有太多事情而有些心不在焉。因此要养成习惯，每天预留出固定的时间与你的孩子进行一对一交流，比如在吃晚餐的时候或是睡觉前。通过这种方式，你的每一天都会在和孩子建立联系中结束，而这又将对你第二天的开始产生积极的影响。此外，等你的孩子稍大一些，当孩子白天想告诉你些什么而你却没空的时候，你可以轻松地说出"我真的特别愿意听你等一下好好说说"。这时你的孩子就会知道，那天一定会有这么一个时刻，可以供他分享自己的故事。

　　每天晚上，我都至少会在我儿子的床边坐上十分钟。我们会在这个时候谈谈一天的经历。有时候他会有很多话想说，这时我会一直坐在那里，直到他说完为止。在其他日子里，他几乎什么也不说，但我仍然可以感觉到他非常高兴有这个说话的机会。这样，我就能很好地了解他所经历的事情，而他也会知道他总是可以向我自由地倾诉他的故事。

这听起来可能非常耗时。事实上也确实如此。一个高敏感的孩子确实需要更多的关注。但对你来说，通过这种方式投入的时间和给予的关注也是愉快的。时间投入越多，当孩子感觉不到与你之间的联系时，所产生的负面情绪就会越少。你需要在这些事情上投入的时间也就越少。当你的孩子真正感受到与你紧密相连时，气氛就会大大改善。你的孩子会感觉更加舒适，由此，他在下一章中讨论的事项上受到的困扰也会更少。

你与孩子之间的联系越紧密，你就越能在那些困难的时刻理解你的孩子。你将更好地了解你孩子的感受，当他需要什么额外的东西或者在某些方面遇到了更多困难时，你会更早地注意到他的情况。此外，一旦你的孩子真正相信你们之间的联系是非常牢固的，他就会感到可以在没有你的情况下自由地"探索未知"。从长远来看，对联系的需求实际上对你和你的孩子都是有利的。这样的孩子会在青春期向你寻求建议，会与你分享他们的烦恼，并且在长时间离家生活后仍然会定期拜访你并紧紧拥抱你。但这一切的前提是你现在为他们投入得足够多。

对掌控感的需求

拥有强烈自我意志的孩子们需要掌控感。他们最希望能够自己决定事情的进展，自己控制自己做什么以及什么时候做。他们也最喜欢通过亲身体验事物来学习。你越是能够满足孩子对控制的需求，他就越容易在真正必要的时候表现得更加灵活。

| 尽可能多给孩子自己做决定的机会

你的孩子越觉得自己可以做决定，他的感觉就会越好。他完全可以自己选择这一天是穿棕色的裤子还是绿色的裤子，或者判断外面是不是太冷而不适合穿短裤了。好好想想现在有哪些事情是你替他做决定的，再想想你可以在哪些事情上给他更多的发言权。

在这个过程中很重要的一点是，你要坚定地给予孩子这样的空间。也就是说，这完全不同于因为害怕冲突或不愿意应对麻烦而做出的妥协。坚定地说"好"并且内心也真诚地认同这一点，会让你成为更加强大的家长。

> 我曾多次对约伯说"不"。"不，你不能不穿外套就出门"，"不，你现在不可以玩黏土"，"不，我现在不能陪你玩"，等等。但至少有一半时间我最终还是会让步，因为这会引起很多争执，这时我就会感觉自己是个前后不一致的母亲。有一段时间，我尝试在说了"不"之后就尽量坚持自己的决定，但总是坚持不了多久。在参加一次讲座后，我开始改变做法了：当约伯提出要求的时候，我会尽可能回答"好呀，完全可以！"或者"当然啦，完全没问题"。因为我是有意识这么做的，我不再感觉自己前后不一致，反而觉得自己很有力量。我在一些无关紧要的事情上给他选择权，而在那些我仍然说"不"的时刻，因为那确实是我真正的底线了，我发现坚持自己的决定也变得容易多了。

| 提供选项

有时你有充分的理由不让孩子自己做决定，比如因为他可能很难预见到所有的后果。尽管如此，你还是可以让他做出决定。

你只需要限制选项。对一个孩子来说,"你想吃饼干还是糖果?"这句话听起来和"不行,你不能两样都吃!"是完全不同的;而"你想穿这条裤子还是那条裤子?"比起"不行,你不能穿睡衣去学校"能给他更多的掌控感。同样,当你想让孩子做某件事的时候,给予选择权也是有帮助的。假设你希望你的孩子帮忙收拾桌子,如果你说:"你也必须帮忙。"你的孩子很可能会抗拒。但如果你说:"你今天是想负责把盘子放进洗碗机,还是更愿意整理玻璃杯和碗筷?"这样你就会引导孩子思考他更愿意做这两者中的哪一件事,而不是纠结于他到底想不想做。

| 倾听他的观点

无论如何,一定要尽可能多听听孩子的想法,听听他的需求是什么,以及他为什么会有这样的需求。让他明白他完全可以有自己想要的东西,并且告诉他你一定会考虑他的想法。"很高兴你能告诉我你还想在外面多玩一会儿。这样我就知道你的想法了,也就可以考虑到这一点了。"让孩子明白你会尽力满足他的愿望。当然,这绝不意味着你要忽略自己的想法;通常情况下,可以想出一个双方都能接受的最佳解决方案。哪怕真的找不到这种解决方案,只要孩子感觉到他的意见得到了认真的对待,他就会更容易接受。很多时候情绪爆发并不是因为孩子们没有如愿以偿,而是因为他们感觉自己没有得到理解。

最近有一次我想开车送孩子们去上学，因为放学后我们需要直接去市区里。塞姆却偏要骑他的滑板车去学校。我的第一反应是立刻拒绝。不过我还是先安静地听他说完了话。我问他为什么一定要骑滑板车去学校。原来，他答应了一个朋友要把滑板车带过去，因为那个朋友也想试骑一下。如果我当时直接拒绝了他，我可能永远也不会知道这件事。他会因为被拒绝而大发脾气，而我又会觉得他实在太固执了。最终，我们想出了一个折中的办法：回程时可以把滑板车放在车后面。

| 让他们相信这是他们自己想要的

你的孩子更喜欢自己决定做什么。但是只要使用一点技巧，你就能让你想做的一部分事情对他产生吸引力，从而让他觉得是他自己想要这样做。如果你说："嘿，孩子们，如果我们把一只胳膊包在保鲜膜里再去淋浴，会发生什么事呢？那只胳膊会被弄湿吗？"你的孩子很可能立刻就会跑去淋浴了。只要发挥一点创造力，你就可以用这种方式把很多事情变得非常吸引人，从而使孩子从内心深处受到激励，自愿去做这些事。有时，这还有助于打破负面联想。如果你们每天都围绕着收拾桌子的事情发生争吵，你的孩子就会对收拾桌子产生非常消极的印象。你可以在接下来的几天通过加入一些游戏元素让这件事变得有趣起来。在这之后,事情通常会在一段时间内变得顺利起来。有些父母可能会怀疑这样的做法是否正确。他们可能会这么说:"生活毕竟并不总是有趣的。"或者是:"我总不能指望老师在我的孩子愿意配合之前先跳个舞吧。"

首先,我们应该知道,把事情变得有趣往往只是暂时的需要。一旦负面联想被打破,之后往往就可以不用这样做了。而且,你自己在清洗碗碟时可能也会放个播客或者音乐,所以让事情变得更有趣其实是一项有用的技能。通过你现在的示范,你的孩子也会更快地学会这项技能。

> 我和我的丈夫会尽可能把很多事情变得有趣,从而鼓励约书亚自愿去做这些事。比如,我们有一首专门在刷牙时唱的歌;晚餐时我们会玩一些文字游戏,这样他就会主动坐在餐桌旁;我们为早晨穿衣服录制了一段小诗,用一种非常滑稽的声音念出了他需要穿上的所有衣物。这样做有时确实会花费更多的准备时间,但由于我们不再争吵,我们实际上还节约了很多时间。

| 让他们亲自去体验

作为父母,我们往往希望我们的孩子没有不愉快的经历。我们会提前告诉他们，最好不要做某些事情，因为这样做可能会产生很糟糕的结果。高敏感儿童会觉得这样非常讨厌，尤其是当他们自己觉得尝试某件事是个好主意的时候。你越是大声告诉他最好不要这样做，你的孩子就越有可能不顾一切要尝试一下。

此外，高敏感儿童只有在亲身体验某些事情的时候才能获得最好的学习效果。尽可能多给他们这样的机会。当然，你还是要注意让他们远离真正的危险。比如，如果孩子不太会自己注意交通环境，你肯定不会让他独自骑车穿过繁忙的街道，但如果没有生命危险，最好还是让他们通过亲身体验来学习。毕竟，当他们因为你的命令而不去做某些事情的时候，他们自己心里仍然会认为尝试那件事其实是个好主意。如果某一次你不在场，无法保护他们，他们很可能还是会尝试各种事情，但那时你就不能在他们周围、在他们真正需要的时候给予支持了。

> 艾敏是个真正的冒险家。她喜欢爬树、跳过沟渠。我已经苦口婆心地警告过她很多次了，但她就是不听。情况可能更加糟糕，似乎我警告得越多，她就越要冒险。所以我只好不再警告她了。有一天，她湿淋淋地回到家，浑身都是泥。显然，她跳进沟里了。我强忍着没有说那句"你看我说什么来着"。与之相反，我为她在浴缸里放满了水。晚上上床睡觉时，她说："妈，我想我冬天不会再去跳沟渠了。"

| 不要试图成为无所不知的父母

有时候，你的孩子尝试的一些事情结果可能并不理想。这是成长的一部分，也是从中学习的好方法。如果他做了某件事并且成功了，那自然很好。如果他尝试了某件事但没成功，他也从中学到了东西。如果你能这样看待问题，对你的孩子会更好。因此，最好避免做出像"我早就告诉过你了"或者"要是你当时听我的就好了"这样的反应。否则结果就是，下次出了问题他可能再也不会告诉你了。

| 给孩子自主安排时间的机会

定期安排一些你的孩子可以自己做主的时间。你可以偶尔安排一整天让孩子决定一切，他可以决定你们吃什么，什么时候睡觉，以及那天要做的所有事情。如果担心他会在那天想去迪士尼乐园之类的地方，你可以设定一个预算，但除此之外尽量放手让他决定。如果你觉得这样做还是太冒险了，或者他还太小，或者你认为这样的一天对他来说还是太多了，那么每天安排十分钟或者一周三次每次安排半小时就可以了。定好闹钟，在这段时间里完全让他自己决定你们要做些什么。在这段时间里，你也要完全听从他的安排。这也是一个允许他在没有监护时做不太安全的事情的好时机。许多实践了这一方法的父母表示，他们的孩子的愿望往往比他们事先预想的要温和得多。

米兰是个攀爬爱好者。他喜欢爬到所有东西上。我每天都得费尽心思，把他从各种东西上面抱下来。当我把他从橱柜上抱下来，才不过转了个身，他就已经爬上了桌子。现在我允许他每天有十五分钟的时间可以随意攀爬。我会在旁边陪着他，这样他就不会受伤，也不会弄坏东西了。上次，我甚至和他一起坐在我们家最高的柜子上。我们玩得非常开心。现在，当他开始想爬上某处时，我就会说："再等一等，你的攀爬时间马上就快到啦。到那时你就可以爬了！"

| 利用游戏

对于年幼的孩子，你也可以通过游戏的方式来给予他们更多的控制感。你们可以玩角色扮演游戏，让你的孩子拥有权力，成为权威或者完全控制一切，而你则扮演不听话、叛逆或者笨拙的角色，比如一个不听话的孩子（你）和一个非常严厉的家长（你的孩子）。通过这种方式把这些权力关系极大地夸张化、让你的孩子成为"老大"并为此大笑一番，你就可以大大减少这个主题带来的压迫感。

有时，你的孩子可能会主动喊道："那时候你是妈妈，而我是淘气的宝宝！"但如果你发现你的孩子能从这种游戏里受益的话，你自然也可以主动说:"我们再玩一次学校主题的角色扮演游戏吧?"你还可以让你的孩子给你刷牙、给你梳头、帮你穿衣服，以及让他做那些你平时为他做而他经常会抗拒的事情。你可以做出非常抵触的反应，或者不断逃跑让你的孩子追你，或者做出过分顺从的反应，对孩子说"好的妈妈，当然了妈妈，我会乖乖坐好不动的妈妈"，从而把这变成一件好玩的事情。

现在你可能会有种想法，觉得只要让孩子掌控更多事情，你在家里就没有发言的空间了。毕竟这样做就意味着把更多的控制权交给了孩子。然而，这样做实际上会使身为家长的你对局势产生更大的影响力。一旦你禁止了某件事，而你的孩子因此暴怒时——对于高敏感儿童来说，发生这种事的可能性非常大——权力斗争就会随之而来。你们会处在对立面，这实际上意味着你对局势的影响力变小了很多。通过给孩子更多的控制权，权力斗争的很大一部分就会自然消失，因为斗争总是涉及两个人的。即使脾气再暴躁的孩子也不可能独自争吵。因此，笃定地说"好"的力量，和设置明确界限的力量一样强大。提前考虑清楚你可以允许的所有事情，你就能避免先说"不"，后来又不得不让步同意的情况。

｜ 你对待孩子的态度至关重要

上述建议可以带来巨大的改变，但你要以正确的意图运用它们，这点也是非常重要的。有些孩子对控制的需求并不完全是无缘无故的，很可能是你也总是很希望掌握控制权。如果你从这种感觉出发，给孩子提供选项或者让事情变得有趣，那么实际上更像是让你的孩子"仍然只按你的想法去做"的伎俩。高敏感儿童往往能敏锐地察觉到这一点，然后会对这种意图做出更大反应，从而表现出抵触情绪，而不会对你表面上所做的那些事情做出反应。当然，有时候确实需要你来带头引导或者设置某些界限。即使在这种情况下，你也可以不以强势的姿态来做这些事。你可以在第 3 章中阅读更多这方面的相关内容。

对可预测性的需求

高敏感儿童对可预测性有需求。这其实源于他们对掌控的需求。如果他们能确切地预测接下来的情况，他们就能控制局面。他们会知道将要发生什么事情，并且可以在一个平静的时刻提前思考该如何应对。一部分对可预测性的需求来自许多高敏感儿童敏锐的观察力。如果你比一般人看到的更多，感知到的更多，那么当事情与平常有所不同时，你也会比别人更快地注意到这一点。即使是在熟悉的情境里，一些微小的变化也会导致情境变得非常不同。无论如何，这都会使世界变得更加难以预测。你可以通过尽可能增加情境的可预测性来帮助你的孩子。

| 日程和惯例

固定的日程对高敏感儿童来说非常有好处。对于总是以同样的方式发生的事情,孩子就不需要争论,也不会因为这些事情感到紧张。

比如,采用固定的顺序起床、穿衣、吃早餐、玩一会儿,然后去学校。或者先吃饭,再洗澡,接着看会儿电视,然后读一会儿书,最后上床睡觉。实际上,你选择哪种日程并不重要,重要的是它必须是你每天或者每隔一段时间可以重复的常规。一旦他习惯了固定的日程,你往往就不需要做太多

的事情了。正因为他是如此执着,所以他也会更容易坚持这些常规活动。如果你目前还没有很多这样的固定日程,那么

引入它们可能需要花费一些时间。你的孩子必须先适应它们。你可以每次引入一种新的日程，并且留出几天时间来让孩子适应。

| 提前说明例外情况

如果你每次都遵循相同的日程，你的孩子会期待你一直遵循这种惯例。当然，有时你会有需要偏离惯例的时候。如果可能的话，可以事先讨论一下这个情况。向孩子解释一下那天的情况会有所不同，并询问他哪些部分的日程是你们可以跳过的，哪些则是非常重要的。

> 我们和朋友们一起外出吃晚饭，直到八点半才回到家。杰罗恩通常最迟七点半就上床睡觉了，所以我告诉他我们今天只能读一个故事，然后他就得去睡觉了。结果家里闹翻了天。他大发脾气。最终，我们还是按照惯例做了所有事，结果他直到九点半才上床睡觉。之后的一周我们去集市的时候，我提前和他商量了当晚的安排。我告诉他我们回家会比较晚，所以我们不能既玩耍又唱歌又读故事。"好吧，"他说，"但我还是更想唱歌，可以不读故事了。这样可以吗？"于是我们就这么做了，那天晚上一切都很顺利。

| 提前告知你的孩子会发生什么事

我们常常意识不到这一点,但很多情况对于孩子来说确实是陌生的。去参加一个不认识的人的生日派对,去一家之前从未去过的餐厅,第一次去沙丘,这些当然都是有趣的事情,但对一个高敏感的孩子来说,这些情况往往非常令人紧张。当然,不愉快的事情时有发生。第一次补牙、第一次抽血或者第一次去参加葬礼,这些事除了确实不那么令人愉快之外,往往对你的孩子来说也是陌生的体验。他越了解会发生什么,事情就越有可能顺利进行。向他解释会发生什么事,他可以预料到哪些情况,读一读相关的书或者看看能否找到相关的视频。与孩子一起模拟某些情境(实际上就是预演一遍)也会有所帮助。你可以通过角色扮演游戏或者使用玩偶等来完成这件事。在游戏过程中,你既可以帮助孩子做好准备,也可以借此释放孩子的紧张情绪。例如,如果你的孩子非常害怕牙医,那么你可以在去看牙医前的一段时间扮演一个会做很多搞笑事情的牙医,把你的孩子逗得开怀大笑。你可以连续多次重复做让他发笑的事情。大笑能让你的孩子释放紧张情绪,这样到了事情真正发生时,进展就会更加顺利。

| 制订计划

早上简短讨论一下你们当天要做的所有事情,或者(和年龄较大的孩子一起)制订一整周的计划,并一起写下那天或者那周会发生的所有事情。同时询问他希望做哪些事情，这样你就可以把这些活动加入计划中。这么做能立即满足他对控制的需求。你的计划越清晰越好。例如，可以用一种颜色表示上学，另一种颜色表示预约好的活动或者必须要做的事情，再用另一种颜色表示休闲时间。如果你已经制订了周计划，那么每天早上可以和孩子一起回顾一下当天的计划。检查一下孩子是否记住了所有的事情，并补充一些你在一周开始时还没确定下来的事情，比如你们当天准备吃什么或者谁会在下午来访。

这并不意味着你必须把所有时间都安排得满满当当，你也可以有意识地安排空闲时间，比如用来放松、玩耍或者在沙发上闲坐的时间。对于许多高敏感儿童来说，把这种空闲时间也提上日程是最好的。你们可以一起为随意休闲的时间想一个有趣的名字，这样你的孩子就知道自己可以期待些什么了。

罗斯每天下午五点左右都会问我们晚上吃什么。十有八九她的反应都是一句"哎呀，我不想吃那个呀"，然后就坐下来生闷气。现在，我们会在周日讨论好整个星期我们吃哪些东西。她也可以一起思考。现在她下午放学回到家的第一件事就是去看日历上的菜单安排。这周她甚至说道："哦，太好了妈妈，今天我们吃菠菜意大利面。"

| 提前考虑偏离计划可能会造成的棘手情况

当然,你不会总是遵循计划行事。有时可能会突然有意外发生,或者你只是单纯想做一些与计划不同的事情。这完全没问题,因为你的孩子最终必须学会如何处理这种情况,但你最好意识到他可能需要一些时间来调整。不要急于跨越这个过程,要给他时间和空间来做出转变。

> 当事情没有按照塞巴斯的预期发展时,他真的会非常生气。起初这让我感到很恼火。我会对他说:"差不多得了,塞巴斯,世界并不会因为我们今天没去奶奶家而是明天去就毁灭的。"现在我知道了这对他来说有多艰难,因此我会为此多花些时间。我会认真地听他说话,并告诉他,我可以理解事情的发展与他的预期不同是多么令人不快。他可以为此感到烦恼失望,而我会在他身边陪着他。这样做之后,他往往会更容易接受。

| 给孩子时间和空间,让他按照自己的节奏应对新情况

许多高敏感儿童需要花费更多的时间在新环境着陆。有时他们会因此被贴上害羞的标签,但事实通常并非如此。他们只是习惯于多观望一下。在这一点上,要花足够的时间来陪伴你的孩子。只要他愿意,就让他和你待在一起,并和他一起探

索。当他感到安全的时候，他自然会按照自己的方式行动。你越是想努力帮助他快速克服障碍，这个过程最终花费的时间就会越长。只有当你的孩子感觉到他有足够的时间来适应某个环境时，他才可能更早一些获得信心，对环境产生安全感。

在聚会的时候，乔普有时会整个下午都黏在我的腿上。虽然他平时可以和其他孩子一起愉快地玩耍，这个时候他却根本离不开我。"你去好好玩吧。"我会这么说，但这样他只会更用力地抱住我。这曾让我非常恼火，因为这样我就几乎没有机会和别人正常交谈了。现在，我会牢记我首先需要帮他找到自己的位置。我会陪着他四处走走，给他看看所有东西的位置，并且和他一起坐在孩子们的旁边。现在我明白他只是需要一些时间慢慢适应。在上次聚会上，经过最初的半个小时后，整个下午我都没再看到他。

| 注意保持可预测性和掌控感之间的平衡

一部分高敏感儿童在遇到让他们感到紧张的事情时，会更多地寻求掌控感，并希望有更多由自己做决定的机会。可预测性可以使事情变得不那么令人紧张，从而减少孩子对掌控的需求。这里有一件需要注意的事情：如果你作为父母自己决定了一切，而且把所有事都提前计划好了，这样虽然对孩子而言变得可以预测，但你并没有考虑到孩子对于掌控感的需求。他需要做选择的机会和空间。由此，你的孩子会因为所有这些可预测的事情而感到更加受限，于是这种形式的可预测性反而会遭到更多的抵抗。因此，要注意观察你的孩子在那些可预测的事情上是否也有足够的参与。

| 尽可能让自己的行为具有可预测性

对于高敏感儿童来说，即使你只是在家里待着，确切地知道你在哪里以及你在做什么也是很重要的。

你可以更频繁地告诉他们你接下来要做什么，从而使你的行为变得更加容易预测。"我现在要上楼去拿洗衣篮，然后我会马上回来。你想跟我一起上楼还是想留在这里继续玩?"或者:"我现在要去一下厕所。我只是去小便，所以很快就会回来。"这可能听起来有点夸张，但对许多高敏感儿童来说，这样做有很大的意义。如果你的孩子知道你和他在同一个空间里，他很可能会全神贯注地玩他的游戏，并且放松下来。他会感到安全。但如果他偶尔抬头发现你突然不在房间里了，他可能会吓一跳。然后他就会需要更长的时间才能再次放松地玩耍。如果这种情况经常发生，他可能会持续保持警觉，更频繁地来找你或者向你要东西，以再次确认你确实还在那里。

此外，在与孩子接触时保持可预测性也是很重要的。你可以经常向孩子解释你在做什么。"我现在要把你抱起来，因为你的尿布要换了。我会把你放在尿布台上。来，抱住我。哦，你抱得真紧呀。来，我们现在要把你的裤子脱下来一点，然后脱掉你的尿布。你看，我这里有婴儿湿巾。它可能会有点凉，对吧？""再看看这个……"这样做的同时也要注意观察孩子的反应，并且也要把这些反应说出来。尤其是对于婴儿或幼儿来说，你能大声说出来这些内容真的会很好。这样你的行为就有可预测性，而且你还能更好地与孩子保持紧密的联系，因为你也会更加清晰地意识到自己正在做的事情，而不是仅仅例行公事而心不在焉地快速换个尿布。

| 及时表达自己的烦躁或沮丧情绪

毫无疑问，作为父母，你也会有感觉自己不太好的时候。你可能会满腹牢骚，感到烦躁或者情绪低落。这完全没关系。你不必总是做一个快乐、开朗、幸福的爸爸或妈妈。

对你的孩子来说，如果你能坦然面对这些情绪，那么对他们来说情况就更可预测，因此也更加安全。只要直接说出来"我有点不开心"或者"唉，我今天过得不太好"，你的孩子就会明白自己的处境。这样你也避免了先是靠着毅力保持耐心、和蔼地回应孩子一段时间，然后又突然发怒。对一个敏感的孩子来说，这样的情况会让他们感到非常不安全，因为他们永远不知道你是否会突然发火。

我常常遇到这样的情况，尤其是在"晚高峰"时段。当我得一边照看黏人的婴幼儿，一边做饭时，我根本无法达到最佳状态。起初，我会尽可能长时间地在孩子们面前保持冷静和愉快，但经常发生的情况是，在我们坐下来吃饭之前，我还是会忍不住大声斥责她们。比如，因为有人拒绝到餐桌前，或是打翻了杯子，或是其他一些我平时并不会太计较的事情。可以说，我的耐心总是比她们的任性和顽皮消耗得更快。有一天，我直接表达了自己的感受。我说道："唉，你们会向我提出各种各样的要求，但我需要把注意力放在食物上面。我现在真的感觉压力太大了。"光是这么说出来，我就感觉烦躁的情绪有所缓解了。而且最美妙的是：孩子们还自发地过来给了我一个拥抱。

有时候父母会担心自己是否会让孩子过于依赖所有这些构建出来的可预测性。毕竟，真实的世界并不总是可预测的。但实际上，从长远来看，你的孩子对可预测性的依赖反而会降低。这是因为他现在能够更加频繁地获得成功的经验，并由此培养出更多的自信。而这种自信正是迎接新挑战所必需的。

对放松的需求

高敏感儿童比大多数孩子都更需要放松。这当然没什么好奇怪的。他们对生活的体验更加强烈，能够观察到周围更多的事物，因此会更快地受到刺激的影响。让他们可以从一天所有经历中充分恢复过来是非常重要的。

53

| 安排充足的放松时间

在任何情况下，都要有充足的放松时间。有些孩子每天上学，之后还参加课外班，此外还有三项爱好，他们依然可以适应得很好。你还可以在周末带着他们做这做那。但这并不适用于大多数高敏感儿童。他们需要及时放松。建议在制订你的计划时考虑到这一点。

马拉克刚上学的前半年简直糟透了。她在学校里是个乖孩子，但只要我在家里对她有一点期待，她就会立刻爆发。有一段时间我真的以为是我的问题。后来，我开始让她每天放学后先放松半小时。这段时间我真的会非常宠她。她可以懒洋洋地躺在沙发上，我会给她拿些水果和饮料，还会给她的小脚或者背部做按摩。半小时过后，她就会完全恢复活力。现在她 6 岁了，不再需要每天都放松了，但我们经常还是会在周三下午这么做，并且一起懒洋洋地度过下午剩下的时间。

| 仔细观察你的孩子

为了了解你的孩子通过什么方式放松，你需要仔细观察他。试着花一周时间写日记，记下他感觉舒适的时刻。因为每个高敏感儿童放松的方式都是不同的。同样是花一个下午画画，有些孩子可能会因此变得充满"禅意"，而有些孩子却只会感到挫败，因为他们无法把脑海中的东西准确地画在纸上。重要的是，你的孩子能够在某件事情上完全投入一段时间，并且你能够察觉到这件事对他是有益的。

| 确保有一个可以让他放松的空间

尤其是在你家人口比较多的情况下，高敏感儿童有时可能会因为环境太吵闹而难以放松。在这种情况下，请确保家里有一个安静的、他愿意待的地方。有些孩子喜欢待在自己的房间里，但也有些孩子很讨厌这样。他们会感觉自己距离家人太远，无法感受到与家人的联系。如果是这样，可以尝试给他安排一个既靠近家人又安静的小角落。

> 我们有四个孩子，所以我们的客厅总是很热闹。我们曾经在丽莎的房间里为她布置了一个非常漂亮的阅读角，希望她能在那里得到更多休息，但她不愿意待在那里。她觉得那里离我们太远了。现在，我们在楼梯下面的空间里放了一个豆袋沙发，并在那里装了一盏阅读灯。她可以在那里安静地看一下午书。偶尔，她会探出头来，和我们互动一下。

| 利用运动

一些高敏感儿童非常活跃好动。如果你试图让他们安静地坐下或者躺下，他们可能反而会变得更加烦躁不安。运动时，这些孩子其实会感觉更好。去森林里走走，搭建小木屋，骑着滑步车在公园里飞驰，这些都是能帮助你的孩子放松的积极的事情。这里需要注意的是，不要让你的孩子产生额外的肾上腺素。对你 5 岁的孩子来说，和大孩子们展开竞争性的足球比赛可能并不是放松的时刻，但和他最好的朋友一起射门或许就是了。

| 帮助你的孩子放松身体

一部分高敏感儿童会花很多时间沉浸在自己的内心世界。他们会不断寻找新的刺激来充实自己的头脑。例如，他们会花几个小时阅读，或者总想不停地看视频。对这些孩子来说，更多地与自己的身体建立联系尤为重要。比如，你可以多让他们在浴缸里玩耍，抚摸他们的背，或者让他们玩动力沙。做呼吸练习也是很不错的选择。

| 把放松和建立联系相结合

有些孩子很难独自放松。他们会不断寻求新的刺激，但不知何故，他们无法自己平静下来。而如果你和他们一起放松，他们往往就能够做到了。你可以为他们读一本书，给他们的小脚或背部做做按摩，或者一起揉面团做饼干。

米兰其实非常需要休息时间，但他就像一枚不受控制的导弹。他总是不停地走动，但到了下午四点左右就无法保持活力了。此时他会变得非常暴躁易怒，遇到一点小事就哭，或者只要我看看他，他就大发脾气。他通常会在下午六点左右大哭一场后倒下，并随之入睡。我们现在开始尝试在白天增加更多休息时间。然而，这只有在我和他一起用积木建造一些东西或者我给他读《唐老鸭》的时候才会起作用。但我很乐意为此花时间。在这种方法奏效的时候，他能到睡觉之前都保持愉快。而在他必须去幼儿园的日子里，他从回到家的那一刻起就会开始发脾气，直到倒下睡着才会停下。

| 不要打扰孩子放松

如果你的孩子正在安静地忙于某件事，请尽量不要无谓地打断他们。抑制住想问这问那或者说些什么的冲动。不妨静静地坐在他们旁边，或者远远地看着他们。这同时也为你自己提供了一个放松的机会。对于高敏感儿童的父母来说，这可不是什么不必要的奢侈。

| 安排好放松的活动

有些孩子总是在寻找挑战或刺激，但他们自然也需要放松。有时候他们会蹦蹦跳跳一整天，最后却因为过度兴奋而大发脾气，然后才能平静下来。如果你能帮助他们更早地放松，那就更好了。尽量降低放松活动的门槛。引导他进行一项安静的活动，或者把他非常喜欢且能让他放松的东西放在显眼的地方。

> 杰罗恩可以从乐高玩具中获得令人难以置信的平静。一旦他开始玩乐高，你就能看到他肩上的紧张感消失了，一种特有的宁静气息从他周身散发出来。当他焦躁不安时，我经常建议他去玩会儿乐高，但十有八九他的回答都是不要。现在，每到这种时候，我都会提前为他准备一些乐高，并在一开始的几分钟里和他一起玩。

| 树立好榜样

如果你自己整日里忙忙碌碌，不停地忙于各种事情，那么对于一个高敏感儿童来说，抓住机会得到必要的休息就会变得特别困难。通常只有当环境也散发出轻松平静的气息时，他们才能放松下来。因此，有时你必须表现出松弛的样子，从而尽可能帮助孩子放松下来。

　　当我的大女儿安静地玩耍时，就是我收拾屋子的好时候了。我会像旋风一样穿过整个房子，一个小时后，我就有足够的时间和她一起做些有趣的事情了。从我最小的女儿莉斯贝丝一岁时起，我就意识到了这招对她不管用。当她坐在婴儿围栏里玩耍时，如果我安静地坐在她旁边，她会持续玩上一个小时，但一旦我开始打扫卫生，她就开始吵闹或者哭泣。我花了很大力气习惯这件事，并最终接受了它。现在当她玩耍的时候，我自己也会喝杯茶休息一下。

| 让你孩子意识到自己在这类时刻感觉很好

　　如果孩子能亲眼看到自己所做的事情会影响自己的感受，他就更可能主动地寻求放松。让他意识到特定的活动对他是有好处的。在他放松的时候，问问他感觉如何。通常他自己就会告诉你他的感觉非常好。当你注意到他很紧张的时候，就可以提醒他放松时的感觉有多棒。这样可能会更容易说服他去做一些能让他感觉更好的事情。不过也要注意，做一些让自己感觉更好的事情有时可能是很困难的。你自己可能也意识到了这一点：当你感到疲惫的时候，你明知道最明智的做法是去散散步并按时上床睡觉，但实际上你可能会因为太累了不想出门而选择看一小会儿视频，然后在几小时之后带着一种不满足的感觉滚到床上。

如果这件事对我们成年人来说尚且这般困难，那么它对我们的孩子来说自然也是如此。

识别彼此冲突的需求

正如你刚才所见，高敏感儿童有着各种不同的需求。而其中一些需求似乎又是彼此冲突的。这正是养育高敏感儿童有时变得异常困难的原因。一方面，他想感受到和他人的连接；另一方面，他又非常想走自己的路。一方面，他需要放松；另一方面，他又想要探索世界。很显然，他自己也经常会陷入困境。

| 对需求进行检查

有时，作为父母，你会做一些非常善意的事情来帮助你的孩子，但这些事却不符合他当时的需求。

假设你的孩子晚上难以入睡。这可能是由于需求没有得到满足造成的。也许你的孩子更需要掌控感，而你却出于好意设立了一个严格而明确的就寝规则，因为你想让它显得可预测一些。

又或者，也许你的孩子晚上更需要的是可预测性，而你的安排却非常灵活，因为你想给他更多的控制权。还有可能是你的孩子需要建立更多的联系，而你晚上却倾向于抓紧时间，因为你想尽快让他上床睡觉。或者你为了给孩子提供睡前的宁静，安排的全都是不需要大量运动的放松活动，而他实际上需要的却是运动。

如果你的孩子不配合，他会暴躁、黏人或者泪流满面，那么你可以快速检查一下他还有哪些需求需要得到更多关注。如果某个棘手的情况反复出现，可以试试在一个平静的时刻找出孩子的哪些需求尚未得到充分满足，并看看你还可以采取哪些措施来更好地满足这些需求。

| 不要过快地判定他不想做某事

有时候，你的孩子看起来好像不想做某事，但他其实只是暂时还不敢去尝试而已。如果作为父母的你没有意识到这一点，就有可能轻易地忽略它。你的孩子可能会因此错过他其实本来想参与的各种事情，之后又会因为错过它们而感到难过。因此，请多给他一点时间，让他克服对某件事最初的恐惧。

> 我们当时在艾夫特琳主题公园，伊琳几乎什么项目都不敢去。我想，没关系，我们就随便逛逛，坐坐旋转木马。我们度过了美好的一天。回来的路上，她却不高兴了。我问道："今天不是超级开心吗？还是有什么我没注意到的事吗？"她非常生气地回答说，她本想去坐船的。

| 意识到他在不同场景下面对相似的事情时，反应可能不相同

由于孩子有着不同的需求，他在某一天面对某种情况的反

应可能会与另一天面对同一情况时大相径庭。这与他在那个时刻最为迫切的需求有关。因此，他有时可能会让你非常惊讶。有时候，这种惊讶是正面的，因为他可能会很轻松地处理一些事情，令你完全意想不到。但有时候，这种惊讶可能是负面的，因为他可能前一天还完全不排斥某件事，后一天却突然完全拒绝做同一件事。

| 帮助他们识别各种各样的需求

你的孩子越能认识到自己有不同的需求，他就越容易处理这些需求。这是你的孩子必须学习的事情。他会在同一时间有各种各样的需求，但他当然还不太清楚这是什么原因造成的。你可以不时与他讨论一下，帮助他解决这个问题。"有时候你其实很想立即采取行动，但同时又特别想先确认情况是否安全。这时候一定很难确定接下来到底该做什么，对吧？"或者："其实你是很想和你的朋友一起玩的，但你对踢足球根本不感兴趣，他却很想踢足球。这真的是个相当困难的选择啊。"然后让他自己做决定。替他做决定对他并没有什么帮助。他将来会更加频繁地遇到这类两难的困境，所以如果他能多多练习处理这些问题，对他来说其实是件好事。

当时我们在游乐场上，我发现丽莎看着几个在树屋里玩耍的男孩子。我问道："你也想去玩吗？"她猛地摇了摇头说不是，然后又回到了滑梯旁。但她还是会再回去看那些男孩子。这时我把她的矛盾心理说了出来。"一方面你觉得这会很好玩，对吧？"我说，"但另一方面，你又觉得非常紧张。""是的，"她说，"那些男孩子可能很不好相处。""唉，真难办啊，"我回答，"要是我的话，我也很难确定该怎么办。"她又走回滑梯旁，但在滑了三次之后，她显然已经鼓起足够的勇气，最终还是爬进了树屋。

| 让孩子知道他是可以反悔的

你的孩子很可能会遇到这样的情况：他优先考虑了一种需求，但事后回想起来却希望自己当初选择的是另一种需求。有时这种情况就只能自认倒霉了，但在一些情况下他可以重新考虑自己的选择。让他知道，在很多情况下，即使是在事情开始后半小时，他仍然可以放心地加入进来。即使你刚刚在学校操场还和朋友说过自己不想去玩，你还是可以给他打电话告诉他你又想去了。

| 让他知道也有同时满足两种需求的可能性

经常会有这样的情况：你的孩子认为他必须在两种需求之间做出选择。当一个朋友喊道："要是你不和我们一起玩捉迷藏,我就不和你当朋友了。"你的孩子就会陷入一个巨大的困境。因为如果他违心地参与捉迷藏游戏,他就压抑了自己对掌控感的需求;但如果他拒绝,他又害怕失去和朋友之间的联系。你可以告诉他,很多时候都有可能想出办法来同时满足这两种需求。比如,或许他的朋友会愿意改玩捉人游戏。当然,有时必须在当下的需求之间做出取舍。他必须学会处理这种情况。但是显然,很多事情并非只能二选一,还可能有"第三种"选项。

第**3**章

| 什么会使高敏感儿童
| 感到不适？

高敏感儿童在面对一些事情时会比大多数孩子遇到更多的困难。刺耳的声音、令人发痒的衣物、意料之外的事件、对他们行使权力或者不愉快的气氛，这些都是可能更容易使高敏感儿童感到不适的情况。高敏感儿童需要消耗比别人多得多的能量来处理这些情况。为了把这点讲得清楚一些，我有时会把孩子的情绪比作"水滴"。每个孩子都有一个"水桶"，里面可以装下一定量的情绪。高敏感儿童的"桶"比其他孩子的"桶"更小，所以桶被装满的速度更快。

此外，他们还必须承受比其他孩子多得多的"水滴"。很多事情对其他孩子来说可能根本不算什么，对高敏感儿童却确确实实是落入"水桶"里的一滴"水"。比如，袜子里的缝线、妈妈突然离开房间，或者在积木只搭好了一半的时候就不得不去餐桌边吃饭。

对于高敏感儿童来说，大多数的"水滴"也要大得多。某件事情对于另一个孩子来说可能仅仅意味着有些不舒服（例如一个不断抱怨的老师），但对于你的孩子来说，却可能是他"桶"里的一大滴"水"了。由此，"水桶"很快就会变得太满而溢出来。对于高敏感儿童来说，这一过程也与大多数孩子有些许不同。其他孩子可能会哭一场，或者大喊大叫。但对于高敏感儿童来说，这样的情况很快就会让他歇斯底里地大哭或者狂怒。这一章讲述的就是所有那些会让高敏感儿童感到不适的"水滴"。有些"水滴"是可以避免的，有些"水滴"是可以变小的。越是做好这些事，"水桶"就会越空，你的孩子就会过得越好。

外部的刺激

一般来说，高敏感儿童更难承受来自外部的刺激，因为他们比大多数孩子更敏感，受到的刺激也更大。有时他们的过滤能力似乎很差。下面我将概述可能导致他们迅速受到刺激的情况。

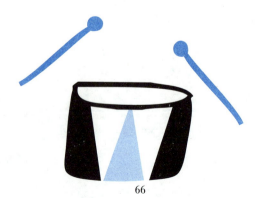

| 噪声

许多高敏感儿童更容易受到噪声的影响。有时他们甚至能听到其他人完全听不到的声音。一个漏水的水龙头或者一台嗡嗡作响的电脑都可能在不经意间给他们造成很大的困扰,即便你或其他人可能根本注意不到这些声音。

当乔普还小的时候,如果我们去了声音很大的地方,他经常把耳朵捂起来。我们每年都会庆祝狂欢节。我有几张照片,照片上的乔普捂着耳朵,而与他同龄的小朋友则在旁边睡着了。我们也不能待得太久,否则他最终会情绪失控。去年,我们在他的蝙蝠侠服装的头盔里装了一个头戴式耳机。当他受不了的时候,就可以把头盔给戴上。有了这个,他今年坚持了一整个下午,甚至坚持到了晚上。

| 强烈的光

强烈或者闪烁的光也可能造成很多困扰。例如,教室里忽明忽暗的荧光灯可能会分散孩子的注意力,而餐厅里会变色的灯可能会让你的孩子在饭菜上桌前就已经感觉不舒服了。

| 接触皮肤的刺激性物品

针织毛衣、袜子里的缝线、T 恤衫上的尺码标签或者紧身牛仔裤都可能给高敏感儿童造成很强的不适感。而湿衣服或者鞋里的沙子对任何人来说都是不舒服的，但对于高敏感儿童来说，它们往往是恐怖的折磨。

| 疼痛

对任何人来说，擦伤或者指甲裂开都不是什么好事，但对于某些高敏感儿童来说，这可能真的会引起极其夸张的反应。有时那一小片疼痛的地方仿佛能蔓延至他们的整个身体。有些孩子可能会发出巨大的尖叫声，好像他们被活活剥了皮似的，而实际上他们只是被撞了一下腿。

> 如果萨宾哪里受了伤，她真的会花好几天时间关注这件事。比如她摔倒后的第一个小时里，她会完全陷入心烦意乱的状态。此时她会把所有注意力都集中在那个伤口上。她可能会做出非常夸张的反应。然而在这之后，她还是会不断地回到这个话题上。她需要涂抹药膏，贴上创可贴，还要频繁地检查和讨论那个伤口。而到了她必须上床睡觉的时候，她认为自己会因为疼痛而无法入睡。我觉得这真的非常令人恼火，但我已经注意到，试图忽略它是没有任何意义的。我越是配合，这件事就会越快结束。

| 气味

气味也会对他们造成更加强烈的影响。例如,公交车上的汗味会让你的孩子感到恶心反胃,而你却可能什么都没闻出来。如果你的邻居在烹饪你孩子不喜欢的食物,这也可能会让他们的情绪变得糟糕。

> 吃早餐时,如果我在三明治上涂抹花生酱,维尔莱会在三秒钟内坐到几米开外的地方去。她觉得这气味太难闻了,她实在没法待在附近。

| 冷 / 热

环境的温度往往对高敏感儿童的影响更大。他们更容易感到太冷或太热。

| 他人的情绪

高敏感儿童往往对他人的情绪非常敏感。如果你(或其他人)感到恼怒或紧张,即使你极力掩饰这些情绪,你的孩子也会感觉到。

> 我的丈夫出国了一周。和两个孩子度过了漫长的周三

后，我感到疲惫不堪。我刚把奥蒂斯的妹妹哄上床睡觉，正渴望着沙发、电视、茶和饼干。但奥蒂斯还想和我再玩一个游戏。我同意了，随后就漫不经心、敷衍了事地玩了起来。当我有些烦躁地命令他上楼时，他却不愿意。"妈妈，你生气了吗？"他问道。"不，我没有生气，我只是想让你现在就上楼去。"我更加烦躁地回答。"那你为什么语气这么冲呀？"他惊讶地问。我没再说什么，意识到自己其实心口不一了，而这会让他产生巨大的困惑。后来当他躺在床上时，我告诉他他是对的，并解释说我感到烦躁和疲倦。我还感谢他对我指出这一点。由此我明白了，我必须对他诚实。

| 接受他体验到了更多

最重要的是，你要认识到并接受你的孩子比其他人感受到、看到、听到和体验到的都更多。这并不是装腔作势或者故意抱怨，他也不是为了折磨你才这样的。这只是你孩子的真实体验。你越是试图对抗或者试图忽视这一点，他就越难应对这些感受，他还要额外担心一件事，那就是他明明感受和体验到了各种各样的事情，但他的这些感受和体验似乎是根本不该有的。如果你帮助他识别那些让他感到困扰的刺激，教给他如何避开其中的一部分, 以及当他受到过度刺激时可以做些什么, 他就能够越来越好地应对。而这一切都始于你自己能够接受这一点: 你的孩子确实体验到了更多。

｜　认可他的体验

如果你的孩子告诉你他因为某件事而感到困扰, 请务必认真对待。不要否定它, 也不要试图用言语来软化它。你回应的方式要向他表明, 他的体验是被允许存在的, 而且你正在努力和他一起寻找解决的办法。例如: "嘿, 你觉得我的咖啡这么难闻。也许换到桌子的另一边坐会好一点?"(而不是"别这么小题大做"。)或者: "湿答答的裤子贴在腿上, 你肯定特别不舒服吧? 你是想现在就把它脱下来光着腿继续走, 还是再坚持一会儿呢?"(而不是"哎呀, 没那么严重吧? 只是湿了一小块而已, 我们很快就到家了"。)

｜　尽量避免过度刺激

当然, 你不可能(也不必)让孩子远离所有的刺激。但是, 太多的刺激会让你的孩子最终爆发或崩溃。防止这种情况发生是非常重要的。因为这种情况会消耗更多的能量, 也会让孩子遭受额外的痛苦。所以你可以看看哪些刺激是可以避免的, 哪些是可以减少的。例如, 为孩子提供柔软的衣物, 不要把气味浓烈的食物放在孩子面前, 也不要带孩子去充满噪声和强光的地方。你能避免的所有刺激都不会像水滴落入水桶一样累积起来，这意味着你的孩子实际上有了更多的空间去应对其他的"水滴"。

| 教他识别刺激

有些孩子并不完全清楚到底发生了什么。他们感受和体验到各种各样的事情，然后到了某一刻突然爆发，却不知道为什么会这样。你可以先仔细观察你的孩子，并记录下你看到的所有令他感到困扰的事情。当他听到很大的声音时，他是否会蜷缩起来？当你拿着一杯咖啡坐到他旁边时，他是否会把头转过去？你越能理解他的困扰，就越能帮他把这些感受好好说出来。"刚才好吓人啊，是吧？"或者："你是觉得咖啡的气味难闻吗，还是我三明治上的煮鸡蛋难闻？"

| 让你的孩子学会用语言描述他的体验

有些孩子会把引起自己不适的事情非常明确地说出来。例如："哎哟，真臭！"或："笨蛋妈妈，你弄疼我了。这把梳子不对！"也有一些孩子在感到不适时什么都不说，因为他们觉得说出来很愚蠢，或者他们不知道该如何用语言表达出来。你可以教给孩子一些表达方式，让他可以用语言来描述自己的体验。比如："我觉得那个味道不太好闻，我要稍微坐远一点。"或："哎哟，好痛啊，我更喜欢你用另一把梳子。"事实上，这将帮助你的孩子正确地表明自己的界限，由此他不会经常做出不合理的反应。

> 我们去了理发店。理发师的手法不太温柔，我从索菲的表情看出她很疼。但她宁愿咬掉自己的舌头，也不愿多说什么。当我们走出店外，她便把情绪发泄在了我的身上。在学校里她也是这样，遇到不舒服的事情从来不说，所以她常常在受到过度刺激后带着情绪回家。我现在越来越频繁地和她讨论，告诉她遇到烦心事时最好能够表达出来，我们也在练习如何做到这一点。

| 教他保护自己免受刺激

在孩子成长的过程中，很多情况下你都无法保护他免受过多的刺激，原因很简单，你并不能时时刻刻在他身边。但我们可以和他一起讨论这些情况，并帮助他想出一些方法来保护自己。教他在受不了的时候退缩一点，教他去可能会弄湿身体的地方时记得带上干净的衣服。还可以让他戴上耳机，无论听不听轻柔的音乐，都可以帮助他更好地隔离外界的干扰。

> 每年狂欢节期间，学校都会在这里的一家迪斯科舞

厅举办一场派对。去年，洛特走出来时情绪完全失控了。她受到了过度的刺激，并对我问她的一切都做出了极为不合理的反应。因此我觉得她今年最好还是不要去了。然而她非常想去，所以我们一起讨论了一下，当她感觉受不了的时候应该怎么办。她说："那我就坐在厕所里。""这确实是个办法，"我说，"但如果其他孩子需要上厕所怎么办？""那我就和巴特一起去安静的地方坐会儿。他也不太喜欢人多的地方。"虽然事后她走出来时看起来也不是很有精神，但至少比去年好多了。

| 用想象的力量帮助孩子远离刺激

你完全可以教孩子如何远离刺激，例如让他想象自己处于一个泡泡中。他仍然可以看见周围的环境，也能听见周围的声音，但所有的感觉都会被略微减弱一些。教他把想象中的泡泡变大或变小，还可以改变泡泡的颜色。这样他可以自由控制哪些才是他愿意接收的。如果你觉得这听起来有点虚无缥缈，请记住，孩子们往往比我们更善于想象，而思想是一种强大的工具。

| 确保充分的放松

在上一章中我已经提到，高敏感儿童更需要放松。这和他们受到的刺激有关。如果你的孩子去了有许多刺激源的地方，请确保他有机会先放松一下，然后再应对其他的需求。这样，在更多"水滴"落入他的"水桶"之前，他的"水桶"就能有时间慢慢地排空。

> 当我们全家一起出去玩时，我总是确保艾玛有机会休息一下。如果我注意到她开始受到过度的刺激，我会带她绕着街区走走，然后静静地坐在长椅上恢复体力。

| 接受他有时会比其他时候更容易感到不适

当你的孩子感到疲倦、饥饿或因为其他原因感觉状态不佳时，所有的刺激会显得更加强烈。因此，他可能会发生这样的情况：突然对毛衣的标签产生巨大的反应，尽管他之前已经穿过三次了。 也有可能他早上还在跟着弟弟在吵闹的音乐声中跳舞，但后来却因为你哼唱的小曲而感到大受刺激。有时你很难把他的感受当回事。这时，"哎呀，没那么严重吧，你已经穿过三次了"这样的反应似乎很合乎逻辑。然而，认真对待孩子的信号仍然是很重要的。你的孩子通常能感觉到自己快要达到极限了，而如果你忽视这一点，那么孩子的"水桶"很有可能真的会在不久之后满溢出来。他会因为一些看似很小的事情而情绪爆发或大发雷霆，那就是装满他"水桶"的最后一滴"水"。

| 每个孩子都是不一样的

同样是高敏感儿童，不同的孩子在体验方面可能会有很大的差异。有的孩子可能更容易受到身体刺激的影响，而有的孩子则对情绪和氛围特别敏感。有的高敏感儿童可以整天在热闹的室内游乐场里跑来跑去，但却会为了一双湿袜子而抓狂。还有的孩子可能仅仅因为去了一趟小超市就受到了过度的刺激，却对扎人的高领毛衣没什么反应。因此，不要把你的孩子与其他敏感的孩子相比，也不要对照着这方面的清单进行比较，而是应该更加仔细地观察你自己的孩子，了解哪些刺激会给他带来困扰。

| 你的孩子不必克服他的敏感

有些父母担心孩子过于敏感而无法在社会上正常生活。他们希望帮助孩子克服敏感。但这实际上只会适得其反，因为孩子并不能把自己的敏感关闭起来。只有当你教他认真对待这些感受时，你才能帮助他处理好这些问题。那些了解自己的敏感点并学会了如何应对的人，比那些试图压抑自己的敏感的人表现得更好。而后者往往会陷入困境，也会导致过度紧张或筋疲力尽。与其这样，不如帮你的孩子将他的敏感视作一种美丽的特质，这种特质也能带来许多美好的东西。从长远来看，敏感不会成为孩子身上的一项隐患，反而会成为他的力量。

他人的要求

高敏感儿童很难忍受被命令。仅仅是单纯地想到自己必须按照别人的决策去做事，他们就会产生很强烈的抵触情绪，即使他们必须做的事情实际上并没有那么糟糕。因此，让孩子尽可能少地感觉到你想命令他，这一点非常重要。你对待他的方式会在很大程度上影响你得到的反应。只要方法得当，你就可以避免很多阻力。

｜　首先与孩子建立接触

如果你想确保孩子听进去了你对他说的话，最好先与他保持接触。当孩子完全沉浸在涂色游戏中时，告诉他是时候穿上衣服了，这样做是没有任何意义的。更有效的方法是先走到他身边，确保你们之间产生了真正的接触，比如对他正在做的事情表现出兴趣，然后再告诉他你想说的事情。首先和孩子建立连接，可以营造出一种平等的感觉，这样你的孩子就不会感觉到你想控制他。这样做也能确保他在你第一次说的时候就把你的话听进去。这时你的语气通常是最友好的。如果你不得不把同样的话重复五次，那么你的语气难免会听起来有些烦躁。所以，最好确保事情不会发展到那一步。

| 避免使用"权力词汇"

对于有着强烈自我意志的孩子来说，"必须"这个词的效果往往非常糟糕。对他们来说，这个词听起来像是命令，而他们非常难以接受被命令。与"你必须收拾桌子"相比，像"如果你能帮忙收拾一下桌子我会很高兴"或者"我希望你能收拾一下你的手工用品，这样我就可以布置桌面了"这样的说法在你的孩子听来会大有不同。命令语气的祈使句往往也不太容易被接受。你可以用像"到了去学校的时候了"或者"我们现在先来整理一下"这样的语句来代替。

有时候用提问题的方式也能起到很好的效果，但前提是你也准备好接受"不"的答案。"你愿意帮忙布置一下桌面吗？"这就是一个很好的问题，因为他愿意照做的可能性会比你命令他的时候更大。但如果他拒绝，你也要接受必须自己动手的事实。

最近，索菲和一个小朋友在这里玩。我抱着她的小妹妹坐着，小妹妹的身体不太舒服。我问索菲："你可以递一下她的奶嘴吗？"她答道："好呀。"过了一会儿，我需要一块布，便问她能不能帮我拿一下，她也立刻拿了过来。这之后我又问道："哦，你能再帮我拿一块尿布来吗？"这时她的朋友抬起头抱怨道："为什么索菲必须做这么多事？"我当时没有立刻回答，幸好索菲帮我解围了："我不是必须做这些，我妈妈是在问我愿不愿意做。"接着她又补充道："而且她也经常帮助我。"

| 注意保持友好并清晰明确地表达

对于大多数高敏感儿童来说似乎没有什么是理所应当的，很多时候你可能预计到他们会反抗你说的话。一些父母在第一时间会透露出他们是严肃认真的。他们想通过使用强硬的语气来表明这件事没有商量的余地。实际上，这样做反而会激起更多的争论。因此，你使用的语气很重要。比如："现在是睡觉时间啦。来，我们现在去睡觉吧。"听起来会与直接命令截然不同。选择一种能让你传达出"我对你是善意的，你可以信任我"的意思，而不是"你现在必须按我的要求做，如果你不这么做，我会感到焦躁或者生气"，在与高敏感孩子的沟通中很重要。也有父母会在句子后面加上"好吗？"或"可以吗？"来询问。这样就会变成"来，现在是睡觉时间啦。我们睡觉吧，好吗？"或者"我们去商店，可以吗？"这样听起来就像是在征求孩子的许可似的。事实上，这会让你的孩子疑惑他还有很大的选择权可以不遵从你的安排。对于要求，你提出得越友好和明确，高敏感孩子就越容易接受。

> 不知不觉中，我开始越来越多地询问格雷戈里的意见。我曾经习惯了他对所有的事情都说"不"，以至于我再也不指望他会按我说的去做了。现在，我会友好而清晰地说明我们接下来要做什么或者会发生什么事，如果我使用了合适的语气，他往往会很愿意配合。第一次时，我都没意识到发生了什么事。我说："五分钟后就开始上课了。我们现在去拿自行车。"这是很久以来他第一次毫无怨言就跟我走了。当然，还有很多时候他不愿意配合，这时候我们会一起想出一个解决方案，但所有那些顺利的时刻都是额外的收获。

此外，这也再次证明了你的孩子会更敏感地体会到你内心的感受和你无意识中流露出的情绪，而不是你字面上所说的意思。如果你注意到孩子总是在这类情况下和你唱反调，那么你应该反思一下自己，问问自己是否真的相信孩子会配合你。你心里的预期往往会对孩子的反应产生很大的影响。

| 树立好榜样

注意一下你是否真的通过自己的行为清楚地表明了哪些事将要发生。比如你一边嘴上说着"来吧，我们现在去商店吧"，一边却忙着查看手机或者快速地把衣服扔进洗衣机里，这样并不

能真正促使你的孩子动起来。他可能看起来不愿意配合，但实际上只是因为你还没有给出一个清晰明确的信号。这种情况并不是因为他无法忍受权力的压力，而是因为他需要明确性。

| **向孩子解释他们的行为可能带来的后果**

　　当你的孩子执意要做一些你认为不明智的事情时，不要立即说"不"，而是让他思考一下他的行为可能带来的后果，这也是一种有效的方法。如果你直接说"不"，他很有可能会更加积极地去做他想做的事情，而且这种方式也不利于他学会思考自己行为的后果。

我去学校接莉安。她和一个小朋友约好了，但不小心又答应了另一个小朋友一起玩。我提议道："你们也可以三个人一起来咱们家玩呀。"但是莉安不愿意。"不，"她说，"维尔勒先和我说好了，所以我只想和她一起玩。"我本能地想要回应："这样可不行。你不能就这样把一个人排除在外。要么你们三个一起玩，要么就别玩了。"但我已经知道莉安会做何反应。"好吧，"我友好地说道，"假设我们真的这么做了，那朱莉会是什么感受呢？"她说："我不在乎。""但我在乎呀，"我说，"所以在我们做任何决定之前，我还是想要一个答案。"她深深叹了口气，然后说："好吧，那就我们三个人一起玩吧。"

| 给你的孩子时间来适应新的想法

有时候会发生一些你的孩子觉得非常讨厌的事情。不幸的是，这是无法避免的。对于高敏感儿童来说，这本就很难接受，如果他事先没有得到任何预警，那么这将变成一场无法估量的灾难。因此，最好提前一段时间让他知道这类事情。比如，提前一周随意提一句，下周他需要在幼儿园多待一个下午。如果他开始抗议，那就认可他的感受。"你肯定很不高兴，对吧？你宁愿那天下午待在家里。"不要试图说服他，更不要说"必须得这么做"之类的话，因为这只会让他更加抵触。接下来的几天再简短地重复这个消息。这通常会使他在事情发生的那一天更容易接受这一现实。

在我必须工作的日子里，莉丝早上七点半就会开始嚷嚷着不想去幼儿园了。起初，我会向她解释为什么她必须去。现在我会说："我理解的，宝贝。你更想待在这里，是不是？"然后我们会拥抱一会儿。在我们不得不出门前，这样的情况通常还会重复两次，但她最终总是第一个穿上外套的人。显然，她只是需要一点时间来适应这个想法。

| 多向他们解释为什么

对于高敏感儿童来说，"我说什么就是什么"通常不足以让他信服。尽可能多地向他解释事情为什么会这样。孩子真的不明白，在卧室里到处乱扔脏内裤会导致奇怪的小虫子在屋里爬来爬去。你可以在情况出现时顺便解释，例如"来，我们来刷刷牙，这样牙齿才能保持坚固和健康"，但你也可以选择在完全不同的时间解释一些事情。问问你的孩子是否知道为什么某些事情很重要，也会有所帮助。"你知道为什么我们每天都要吃蔬菜吗？"有时候你会得到意想不到的答案。当然，你不必总是亲自告诉他这些信息。和你的孩子一起阅读被阳光晒伤可能造成的影响，这样他就会知道为什么每天多涂几次防晒霜很重要了；或者给你的孩子看一个关于白色垃圾的视频，这样他就会理解为什么要把垃圾扔进垃圾桶而不是扔在公园的地上。孩子们越是理解为什么某件事是必要的，他们就越有动力去做这件事。特别是对于高敏感儿童而言，一旦他们理解了某件事的重要性，就会非常积极地去做"正确的事"。

解释时，一定要注意时机。在激烈争论中（比如当你的孩子正在因为你设定的某个限制而生气的时候）给出解释并不是很明智的选择，因为这只会引起更多的争论。

| 跳过"如果……那么……"

"如果你不把盘子里的东西吃完，那么你等下也不能吃甜点了。"或者："如果你现在不收拾玩具，那你等会儿也不能玩电脑了。"

对许多孩子来说，这些话似乎很管用。然而，最好避免使用这种"如果……那么……"的说法，尤其对高敏感儿童来说。因为这实际上是在使用权力，也就是"如果他不按照你的意愿行事，你就剥夺他某些东西"的权力。这种做法尽管在短时间内往往很有效，但从长远来看弊端实在太大。这会让你的孩子感觉你想要支配他，而且他很可能会在其他时刻表现得更为逆反，因为他想要试图恢复权力的平衡。有些孩子还会开始提条件。一些父母会以积极的方式表达"如果……那么……"，比如"如果你把盘子里的东西吃完，那么你等会儿就有甜点吃"，或者"如果你先把房间收拾好，那么你就可以玩电脑了"。这听起来似乎更加有利，但实际上它依然是基于相同的原理，因此也有相同的缺点。

> 奥蒂斯也经常跟我谈条件，问我:"妈妈，如果我不这么做的话会怎么样呢?"或者:"如果你现在不给我再多读一个故事，那我明天早上就不起床了。"

| 在平静中设置界限

由于高敏感儿童非常敏感且善于观察，如果你是出于一种"我是老大"的感觉让他们做事的话，他们会立即察觉到这一点。作为父母，我们都有过一种无力感，在某些当下我们希望只要我们这么说了，孩子就能按我们说的这么做，结果却常常事与愿违。这种感觉常常导致我们最终以超出实际需要的程度向孩子展现我们的权威。如果你意识到自己有这种感觉，那么请后退一步，做几次深呼吸，然后思考一下如何以最好的方式来妥善解决这种情况。我们都知道，当我们充满信心并保持冷静的时候，是最容易扭转困境的。在第 6 章中，你可以读到更多关于在困境中保持冷静的方法。

| 保持有趣和轻松的氛围

唱一首自己创作的搞笑歌曲，在歌里告诉孩子需要做什么；用搞怪的声音说话；如果孩子不愿意穿衣服就假装哇哇大哭；当孩子发脾气时躺在他旁边；如果需要的话，甚至可以倒立。做什么都可以，只要能避免营造一种"我现在要很严肃地告诉你需要做什么，然后你就必须执行"的氛围。孩子们喜欢奇怪和有趣的事情，所以你表现得越奇怪、越有趣，他就越有可能自然而然地配合你的要求。寓教于乐，用幽默风趣的方式来引导。这会让他感觉更加愉快，也能使你不那么容易感到烦躁。

> 距离我们出发还有三分钟，梅可却还穿着睡衣。"哦，不，"我惊呼道，"你还穿着睡衣呢，可我还没给你老师打电话说今天是你的'穿睡衣上学日'呢。"梅可惊讶地看着我。"这可怎么办呢？"我问，"你觉得我现在还能给她打电话吗？等一下，我马上来试试。也许还能联系上她。""妈妈，别闹了。"梅可说道，她随后不到两分钟就换好了衣服。

| 让你的孩子为棘手的情况思考解决办法

如果你希望孩子的强烈自我意志发挥作用，并且使你们双方都可以从中获益，最简单的方法就是询问他打算如何解决棘手的情况。比如:"啊,原来你这么讨厌我给你刷牙呀? 那你有没有什么好主意,能把你的牙齿变得干干净净的呢? "或者:"你喜欢在游乐场玩得越久越好,但我今晚想准时吃晚饭。你有什么办法解决这个问题吗? "通过这种方式,你让他(或你们共同)负责找到解决方案。高敏感儿童通常会非常认真地对待这种责任,并会尽最大努力想出解决办法。如果你用上述方式和他交流,孩子配合的可能性会大大增加。特别是当他情绪好的时候,他会非常愿意按照你的要求去做。然而,仍然会有很多情况,你的孩子会拒绝做你希望他做的事情,或者无法轻易接受你设置的界限。你可以用不同的方式来处理这些情况。

一定要仔细思考为什么要设置界限

当然,有时确实有必要设置界限或者期望孩子去做一些事情,例如,当某件事很危险的时候,或者他(尚且)不能全面了解情况的时候,或者如果不加限制他可能会受到过度刺激的时候。这些时候,你确实不能让他自己做选择,需要设立明确的规则。然而,这类情况实际上比大多数父母想象的要少得多。不妨重新审视一下你对"什么才是真正的界限"的想法。有时候,孩子不接受界限并不是因为孩子有问题,而是因为界限本身有问题。好好想想你为什么要针对某件事情大做文章。是因为你真的有充分的理由,还是因为你认为事情就应该这样,或者因为你已经习惯如此了? 此外,有时听听其他父母的看法会很有启发，某些事情对你来说可能是个大问题，但他们却压根不以为意。因此，可以与其他父母讨论一下他们是如何看待某些事情的。

皮特和我整天都在为各种事情争执不休。有时一天结束后，我真的会感到筋疲力尽。他似乎把尽可能多地和我作对当成了一项运动。有一次，我生气地对他喊道："你总是要按照你的意思来。""根本不是这样，"他大声回喊道，"其实是你总想按照你的意思来。"然后他列举了一大堆例子，比如：他不被允许某些事情，仅仅是因为会给我造成不便；还有些情况则是他明明不想做却不得不做，只因为我想让他那么做。这引起了我的反思。

不要恼怒

即使你有非常充分的理由，高敏感儿童也会经常提出许多反对意见。有些孩子真的会持续不断地争论，此时如果你能向他们表明情况确实无法改变，对他们来说可能反而是件好事。但请注意，不要带着恼怒的情绪去做这件事。那样只会火上浇油，令你在不知不觉中陷入新的争论里。相反，你应该倾听孩子的论点，并思考一下他说的会不会真的有些道理。如果你不这么认为，那就让他知道你可以理解他，并为他感到遗憾，因为事情没有按照他希望的方式发展。"我理解的,宝贝。你肯定很想今晚就去集市玩,而不是明天再去。"在这个时候,再次解释情况并不明智。正常情况下,你之前应该已经和他解释过了。所以你的孩子已经知道你们为什么不去了。此时再重复一遍理由,只会让孩子觉得有更多空间来反驳它。

现在你需要做的就是对孩子的失望或愤怒给予认可,并坚持自己的立场,同时不要让自己被激怒。这听起来可能很简单,从理论上讲也确实如此。但实践中,尤其是最后一点,有时候确实很难做到。我们将在第 6 章中进一步讨论这个问题。

> 纳吉布真的会为了任何事情争论起来。如果某件事不被允许或者不可行,他就会生气并不断提出反对意见。我以冷静的态度回应了他,表达了对他的理解,也认可了他的失望,但这些似乎只是火上浇油。在参加了伊娃的课程后,我意识到,自己还是对纳吉布总是这么难沟通的事实感到很恼火。由于纳吉布非常敏感,他会更多地体会到我内心的恼火,而不是我口头上对他表达的理解。现在,我已经能够真正理解他的失望,并且能用轻松幽默的态度看待他的执着。于是,现在说"不"变得容易多了。他还是会努力按照自己的意愿行事,事情不能如他所愿时他也依然会生气,但生气的时间明显缩短了,而且他的愤怒也不再总是针对我了。

| 尽可能多地和孩子合作

因为你喜欢整洁的屋子而让孩子打扫他的房间，或者期待孩子陪你去参加他根本不想去的派对，这些都不是自然而然的事情。这些都是你自己的需求，你当然可以期待你的孩子考虑这些需求，但这并不意味着你可以把自己的意愿强加在他身上。在这类情况下，你最好与他合作，寻找一个双方都能接受的解决方案。因为只有当双方有不同立场时，才会有斗争，所以，不管怎样，一旦发生冲突，你自己总是要承担部分责任的。通过与孩子合作，你可以避免很多冲突。你可以在下一章中了解如何有效地合作。

| 好好感受自己的界限在哪里

你的孩子有特定的需求和界限，你也一样。这些需求和界限绝对有存在的必要。例如，如果你的孩子不断要求你陪他一起玩，而你实在是没有兴趣，那么直接拒绝也并没有任何不对的地方。

如果你注意到你的孩子在这种情况下依然不断向你提要求，那么你可以问问自己，看看你是否真的感受到了自己的界限。或许你会因为现在不想花时间陪伴孩子而感到内疚。你的孩子会感觉到这一点，因此继续尝试说服你。无论你多么明确地说"不"并一直坚持这么说，只要你的拒绝仅仅浮于表面，你就仍然会遭遇很多阻力。

有时你可能会觉得很难维护自己的立场，但你应该意识到你能够遵从自己的内心、设立好边界，实际上会积极地影响到你的孩子。从长远来看，孩子们会更多地仿效你现在的行为。如果你为了让孩子满意而忽略自己，不好好照顾自己，孩子也会觉得为了他人压抑自己的感受是对的。妈妈有界限感，孩子才能照顾好自己，为自己考虑。

| 在需要的时候负责引导

有时候你的孩子确实需要你来引导，即使他看起来似乎并不愿意这样。高敏感儿童有时几乎会"淹没"在自己的情绪中，或者因为受到过度刺激而做出令人不能接受的行为（比如骂人、打人和踢人）。在这种情况下，他需要你的帮助来摆脱这种状况，但他通常不会轻易接受这种帮助。在这样的时刻，你最好采取强力的措施来引导他。充满爱意地看着你的孩子，并清晰地说出类似这样的话："亲爱的，这样可不好。我现在要把你抱起来带走，然后我们会解决这个问题"或者："我现在会拉着你的手，我们一起回你的房间冷静一下。"在这种时刻，保持镇定是非常重要的。不要害怕孩子激烈的情绪，勇敢地承担起引导的责任。如果你和孩子的关系很好，他就会接受你的做法，甚至过后还会为此感激你（让他在情绪旋涡中不至于失控）。

丽莎参加了一次学校的旅行，回来时累坏了，处于过度兴奋的状态。我看得出她需要休息，但无论我怎么做，她还是不停地蹦蹦跳跳。我知道，如果任由她这样下去，她最终会完全失控。最后，我友好但坚定地说道："好啦，小姑娘，我现在要把你安顿在沙发上，给你一本书和一条毯子。你需要休息啦。"我把她抱起来放到了沙发上。安顿好后，她便感激地看着我。

| 尽可能打造一个对儿童友好的环境

如果在阅读本书时，你的孩子还是婴儿或者幼儿，那么下面的建议可能会让你获益匪浅。这些建议很有可能对你家的学龄前儿童也很有帮助。

如果你家里有一个爱冒险的小家伙在四处玩耍，有时你可能会觉得自己一整天什么事都干不了，只能忙着把他从他不该碰的东西旁边抱走。这对你和孩子来说都很令人沮丧。你的孩子越能在房间里自由活动，一切就会变得越轻松。如果压根没有那些需要注意的东西，你就不需要设置那么多限制，这样就能省不少事。把易碎的物品或植物暂时放在孩子够不到的地方，在客厅橱柜的底部放满孩子可以随意玩耍的过家家玩具，通过这种方式为孩子提供尽可能多的自由，也让自己能尽可能多地休息。

| 提供更优的替代方案

对于年幼的孩子来说，给他们提供一个替代方案也是很不错的选择。如果你家的孩子总是喜欢扔毛绒玩具，那么不妨放置一个装有沙包的小盒子，让他可以尽情地扔着玩。如果你家的孩子总是爬到厨房的桌子上，那么可以看看是否可以为他创造更多安全的攀爬机会。

| 尽可能多说"是"

"不，不可以碰那个植物。""小心，不要把手指插进插座里。""不要摸，那很危险。""不要打妹妹。""不，不，不要拽猫的尾巴。"对于高敏感孩子来说，有时确实有必要限制他想做的事情。但你的孩子很可能根本不理会你的禁令。这就意味着你不得不一直重复自己的话，于是这样的句子可能会填满一整天。而你也很容易就会落入消极的氛围中。你说了不许做某件事，你的孩子却对你咧嘴一笑然后还是那样做了，你感到很无力，于是开始用不那么友好的语气重复自己的话。不知不觉中，你们就陷入了斗争。或者你发现自己在大吼大叫，尽管你已经下定决心再也不这样做了。听起来是不是很熟悉呢？通过保持必要的界限而非说太多次"不许做"，你可以扭转这种局面。如果你看到你家的孩子想去抓电视的电线，就走过去把他抱起来。同时，尽可能多地对孩子的愿望说"是"。"是呀，那些电线真有趣，对吧？你肯定很想玩一玩它们。我明白的。"如果你的孩子还不知道那些电线不是用来玩的，你可以简单地重复一下："电线不是用来玩的。"如果他已经知道这一点了，那么你可以直接跳过，因为这样说并不会增添任何新信息。然后你可以把孩子的注意力从电线上转移走："瞧，你的锤子玩具在这里呢。你觉得怎么样呀？你能把这些东西全部敲进去吗？"

| 利用游戏

有些孩子在某些时刻会非常固执，总是想继续回去尝试不被允许或者不可行的事情。在这种时候，幽默也能帮到你。当你的孩子再次靠近那些电线时，你可以跑过去或者爬过去把他抱起来，一边大笑着或者挠他痒痒，一边大声喊道："你这个小坏蛋，我要抓住你。"如果你的孩子也跟着大笑起来，那就和他一起嬉戏一番，或者抱在一起笑一会儿。这样，气氛就完全转变了，你们之间也再次建立了联系。当你再次把他放下来后，如果他一边用挑战的眼神看着你，一边又朝着电线的方向移动，不要把这当作是一种挑衅的行为，而是将其视为一种游戏的邀请。如果可能的话，尽量去响应这种游戏的邀请。只要孩子还能从中感受到乐趣，就不断重复这种充满热情地喊着把他抱走的动作。从这种经历中，你的孩子会开始体验到那些电线是绝对的禁区，同时气氛也不会变得不愉快，这正是你的初衷。但除此之外，你所做的事情还有更多的意义。如果小孩明知道不能去某个地方却仍要一次又一次地去，这往往是为了引起你的注意。通过在那一刻全心全意地给予他们关注，你可以极大地满足他们对于联系的需求。此外，大笑还可以释放情绪；通过这种方式，孩子过去积攒的许多沮丧情绪都会在笑声中一扫而光。

> 梅斯刚刚出生的时候，索菲有时候情绪会很不好。我试着尽可能多地满足她对于联系和掌控感的需求，但当我需要给梅斯喂食时，她经常会爬到她的椅子上面。她会站在座位上，一边挑衅地看着我，一边试图踩在扶手的窄边上。起初，我一边把婴儿抱在胸前一边喊道："不，别这样，这很危险。"但她根本不理会。然后我就不得不放下梅斯，把她从椅子上拉下来，因为那样实在太危险了，但过不了多久她又会重复同样的行为。后来，我花了几天时间把这变成了一个游戏。我会假装要去喂梅斯，但实际上拿起的是一个玩偶。她随后会爬到椅子上，我则把玩偶扔开跑向她，一边挠她痒痒，一边把她从椅子上拉下来。接着我会大笑着抱着她转圈圈。我会重复这个过程，直到我发现她的注意力已经不在这上面了。我估计我们

> 大约重复了五次，之后就一切顺利了，我可以再次正常地给梅斯喂食了。

提供足够多的挑战

孩子之所以不断尝试那些不被允许的事情，另一个原因就是单纯的无聊而已。你可以通过提供足够多具有挑战性的游戏来避免这种情况。特别是在那些很少出门的日子里，室内空间对许多孩子来说简直太单调了。

不要把小事当作原则性问题

有时在我们成人眼里，幼儿非常不讲理。他们可能突然拒绝躺下换尿布，一定要把三明治切成三角形，绝对不愿意再坐在自行车座椅上，或是当你第一个上楼梯时就大发脾气。在可能的情况下，如果你能迁就一下孩子奇怪的任性，事情可以变得轻松许多。这并不意味着你需要整天费尽心思来取悦孩子，只是说如果对你来说某件事实际上没什么问题，那就真的无须过于担心。很多这样的事情其实只是阶段性的，你越少关注它，它往往就会越快结束。反而，如果你说出像"不能什么都按照你的心意来定"或者"你不可能要什么就得到什么"这样的话，你其实是在挑起斗争，而这种斗争将会持续更长的时间。

我们的大儿子一岁半的时候,有一次他突然拒绝坐在餐桌旁的儿童餐椅上吃饭。他非要坐在我的腿上。那时我非常坚持不许他这样,心里想着"一旦我开始同意他这样,就会没完没了"。这导致了持续数月的斗争,而他还是不太愿意坐在餐桌旁。我们的小女儿在她刚满一岁时也发生了同样的情况。突然有一天,她坚决不肯坐在椅子上。后来我就直接把她抱到腿上了。不到三周后,她几乎每顿饭都坐回了儿童餐椅上。只有在她经历了特别辛苦的一天后,她有时才会爬到我的腿上。

| 当你不允许孩子做某件事时,给他释放情绪的空间

即便你应用了以上建议,仍然会不可避免地遇到这样的时刻——孩子会因为不被允许做某件事而变得暴躁。这是完全正常的。事实上,这些可能是非常有用而宝贵的时刻。如果你可以接受这种情绪爆发,并以理解和温和的态度看待它们,同时不动摇自己的界限,那么你的孩子可以从中学到很多。他将学会如何处理失望和沮丧的情绪;他会意识到即使他生气,你的界限依然是牢固的;他还会明白,即使他的表现不是那么理想,你也会在他身边陪伴着他。你可以在第 5 章中阅读更多关于这个话题的内容。

| 孩子有自己的主见也是有好处的

你的孩子并不会仅仅因为你说了什么，便去做什么。想想看，这其实是一种非常好的特质：这意味着他也不太可能屈服于同伴的压力或者做违背自己感受的事情，这在青春期（以及他以后的生活中）会非常有用。此外，从孩子还很小的时候开始，你就要建立自己与孩子之间的信任，让信任的关系成为他愿意听话的基础，而不是事事动用作为家长的特权。毕竟，你的孩子听你的话不是因为他必须听，而是因为他愿意听。如果孩子从小只是因为你说了什么，他就必须做什么，那么长大以后，他有了更多自主权，他反而不会再找寻求你的建议了。

环境的转换

对于一个高敏感儿童来说，情境的转换、新情况和变化往往会带来很大的困扰。这其实是非常符合逻辑的。由于他敏感且善于观察，所有变化对他而言都比其他孩子感受到的要更大。他能更多地察觉到一种情境与另一种情境之间的差异。此外，他的执着会让他很难放弃自己正在做的事情，这也使得向新方向转换更加困难。

| 意识到转换的普遍性

在许多情况下，你可能根本没有意识到某些事情其实涉及了转换。从夏装换到冬装、从躺在床上到起床、从二十摄氏度的晴天到十摄氏度的雨天: 这些都是转换。意识到这一点可能会很有意义。有时候, 你的孩子可能会表现得焦躁不安、做出令人困扰的行为或者非常情绪化, 而你却不知道究竟是什么原因造成的。此外, 从朋友或者看护人那里被接回时, 许多高敏感儿童也会表现出过度活跃或者叛逆的行为。

> 梅斯有一件新的冬季外套。我们一起挑选的, 在商店里他对这件衣服赞不绝口。但到了天气冷到可以穿这件衣服的第一天, 他又立刻把它脱了下来。"这件衣服穿着

不舒服，"他说，"我不想穿。"无论我怎么尝试，那天他还是穿着夏天的外套去了学校。因为根据以往的经验，我知道他只是需要适应一下新外套，所以那天下午我们就去"练习"穿他的新外套了。"梅斯，"我说，"你只是还没适应那件外套。我们来看看你能不能穿着它在蹦床上跳十次吧？"他说："不，跳八次。"我说："那也行。"当他在跳的时候，邻居家的男孩来了，之后下午的其余时间他们都一起在外面玩耍，而梅斯就一直穿着他的新外套。

| 尽量减少转换的次数

如果你的孩子因为转换而受到极大的困扰，那么减少转换的次数可能会有所帮助。例如，你可以通过减少一天中的活动安排来实现这一点。毕竟，每一次活动都意味着一次新的转换。但你有时也可以通过改变某些事情的顺序来限制转换的次数。

比如，从学校先回家，然后去商店，再回家，这比从学校直接去商店然后回家就要多一次转换。特别是当两次转换之间的时间间隔很短的时候，这对你的孩子来说会是一个很大的挑战。

| 提前宣布转换的发生

"五分钟后我们就要吃饭了","游乐场还有十分钟就要关门了",或"再玩最后一个游戏,然后你的电脑时间就结束了"。尽可能多地提前通知。对于高敏感儿童来说,没有提前通知就说"我们现在要吃饭了","我们现在要回家了",或者"你的电脑时间现在结束了",就是在自找麻烦。他会无法接受如此突然的转换。在转换发生之前,他的大脑需要时间来做好准备。你可以考虑购买一个计时器。你的孩子可以从上面看到自己还有多少时间可以用于做某件事。

> 从马克斯还很小的时候开始,我们就注意到,如果我们提前告知,一切会变得顺利得多。很长一段时间里,我都以为其他孩子也是这样。最近我们在动物园时,我看到另一个小孩在看猴子。突然,她妈妈说道:"来,我们往前走了。"我下意识地想,这下要出事了。但那个小女孩却顺从地跟着走了。这实际上是我第一次发现,并非所有的孩子都那么迫切地需要提前通知变化。后来我注意到许多孩子根本不需要提前通知,但这对高敏感儿童来说却很有必要。

▍ 将过大的转换划分为小步骤

有些转换太大了，你的孩子可能根本无法一次性完成整个过程。那就可以看看你能否想出一些办法，将其分解为几个较小的过渡步骤。这样你就可以帮助他顺利度过那些大的转换过程。例如，如果他做不到从温暖的床上爬起来穿好衣服下楼，可以让他先在睡衣外面套一件温暖的晨袍来吃早餐；如果他需要去睡觉却难以从自己的建筑玩具中抽身，可以先给他读一段他最喜欢的书。在上一章中，我们讨论了日常惯例。这些惯例也经常有助于让过大的转换更容易进行。例如，对许多高敏感儿童来说，爬到床上好好睡觉是一个巨大的转换过程。但是，从在楼下玩耍到和你一起在大床上玩一会儿，再到在他自己的床上读一本小书，最终被轻轻地抓着痒痒产生困意，这样就会容易接受得多。在设立日常惯例的时候，最好考虑到把步骤设计得足够小，以适应孩子的需求。

> 当米兰和他的朋友们在外面踢足球时，如果我叫他回来吃饭，那就是自找麻烦。有一次，他看到我过来了，竟然躲了起来。我当时花了差不多半个小时来找他。现在我和他约定好，吃饭前他可以玩十五分钟的游戏。至少这个时间段他就已经在屋里了，来餐桌前的难度也就小得多了。

| 帮助你的孩子完成转换

有些孩子可能会因为自己过强的感知能力而难以适应某些转换。即便他们自己确实想要适应这些转换,他们也没有能力采取必要的步骤。因为他们很容易看到或听到其他事物就分心,或者根本无法处理一连串不同的行动。这时,你的孩子需要你帮助他保持注意力。例如,你可以陪在他身边,不断提醒他下一步该怎么做。你使用的语气可能会产生很大的影响。如果你发现自己内心其实感到恼怒——因为对于其他孩子来说很简单的事情,对你的孩子来说却很复杂,而你觉得这很愚蠢——那么请先退一步,冷静一下。你的孩子可能确实还无法独立完成这些事情,他可能已经觉得自己很失败了。因此,如果你能以温和的态度支持他,那就再好不过了。

> 对于泰恩来说,出门总是一项很大的挑战。很长一段时间以来,我都以为这是因为他不愿意穿衣服,或者是因为他不想去我们要去的地方。但即使他已经穿好衣服,或者我们要去的地方是他非常喜欢的,也总会有其他事情让出门变得困难。他可能看到地上有积木就开始用它来搭东西,或者突然又跑到楼上去玩了。我必须紧盯着他。如果我能坚持陪着他,我们通常能在五分钟内出门。

你也可以为经常反复发生的转换制作一个流程图,记录下孩子需要采取的各个步骤。通过这种方式，他就能学会在没有你帮助的情况下自己完成转换。你可以在一块硬纸板上写下（或如果他还不会识字，可以画出来）所有需要完成的步骤，并让他用铅笔标记自己当前所在的位置。一旦他掌握了这一方法，你就可以逐渐减少帮助，当他已经又熟悉了一个步骤，让他自己思考接下来需要做什么。

| 使用分散注意力和建立联系的方法

对于年幼的孩子来说，通过分散他们的注意力来帮助他们适应某些转换往往是非常有效的方法。比如，当你抱起孩子去做晚间例行程序时，可以唱一首歌；当你帮他穿上外套时，可以指着窗外的小鸟；当你想把他放进儿童椅时，可以发出有趣的动物的叫声。这样做既能分散孩子对当前情境的注意力，又能保持轻松愉快的气氛，避免让你陷入"哎呀，和你一起做点事总是这么麻烦"的情绪中。

| 提醒孩子，他总是需要一点时间来适应的

当你的孩子需要适应新事物时，他可能会认为自己永远不会成功。此时他无法掌控转换的过程，并认为自己永远都会有这样的感觉。这时，让他回忆一下他最终成功适应某件事情的经历可能会有所帮助。"还记得去年春天，你一开始不愿意穿那双拖鞋吗？因为当时你觉得夹在脚趾间的感觉很不舒服。但

后来你习惯以后，几乎每天都穿着它们走来走去。"你越多地提醒他，你的孩子就越能意识到这一点。当他长大些，他可能也会开始对自己说这些话。你也可以偶尔拿这件事开开玩笑。"你这个小傻瓜呀，一开始不愿意进浴缸，现在进去了又不想出来了。你真是个有趣的小家伙。"当然，这是带着调皮的语气说的。

在四年级的头两周，芙勒尔每天放学都怨声载道。她不喜欢新的老师，而且"超级无敌想念"她以前的老师。"你知道吗，"一天晚上我对她说，"你还记得去年年初，你刚到安妮老师班上的时候吗? 那时候你每天放学都会抱怨，说你太想念以前的老师了，还说想回到二年级。"她难以置信地看着我，惊讶地问道:"真的吗?""是呀，"我说，"你现在已经无法想象居然会这样，对吧? 你总是需要一些时间来适应一个人的。"从那天起，她的情况好多了。

| 给孩子发言权

有时候，和孩子一起决定他何时进行转换会有所帮助。"告诉我，你还想在游乐场待多久?"或者:"你还需要多长时间才能开始做作业?"孩子们通常明白他们不能再玩好几个小时了。

仅仅是想到能参与决策，对他们而言就会有很大的不同。如果你的孩子需要的时间过多，只需和他讨论一下。"哎呀，这时间有点太长了。这样你一会儿写作业的时候会遇到麻烦的。你觉得三分钟而不是十分钟怎么样？"有点个性的孩子可能至少会争取到五分钟，所以一定要提前开始这个过程，确保还有一些调整的余地。

| 当孩子成功完成转换时，记得表扬他

转换通常是一天中最困难的时刻。当孩子全神贯注于某件事时，通常不会出现什么问题。但是一旦需要转换，问题往往就会出现。现实中，一个普通的日子也包含着许多转换。如果你的孩子在这方面有困难，你可能很容易陷入一个充满抱怨的恶性循环。因此，尤其要注意到所有成功的转换，并为孩子把这些成功描述出来。比如："哎呀，那个拼图还没完成就要停下来，这点确实不容易。但你还是准时来到餐桌前吃饭了，真是太棒啦。"毕竟，孩子会欣然从成功经验中学到东西。作为父母，我们常常想当然地认为他们应该自然而然地完成某些转换，但对于高敏感儿童来说，这有时是一项相当大的成就。因此，适当的赞赏是非常必要的。

| 在转换期间保持与孩子的接触

不仅孩子会对转换感到困难，作为父母的你也可能会觉得

很麻烦。也许你很赶时间，准时出门已经够不容易的了；也许你感到疲惫，真的没有精力再去哄孩子穿上睡衣；或者你去孩子的朋友家接孩子时，你的孩子没有蹦蹦跳跳地跑出来，担心其他小朋友的妈妈会怎么看你。这时你很可能会变得烦躁或者心不在焉，由此断开了和孩子的接触。这会使转换对孩子来说更加困难，导致他做出更多麻烦的行为，同时又会让你更加难以应对，不知不觉中，你就陷入了一个恶性循环。通过在即将发生转换之前有意识地暂停一下，你可以部分预防这种情况的发生。深呼吸几次，确保自己尽可能放松地进入转换期，然后集中精力保持与自己和与孩子的连接。

周遭的排斥

高敏感儿童可能会更容易感到被排斥，因为他们需要比一般人更多的联系。当有人对他们发脾气时，他们也往往更容易感到被排斥。他们往往以不同的方式做出反应。有的孩子会不遗余力地尝试各种办法迎合，只为继续感受到联系，以求得到安慰；而另一些孩子则会假装不在乎，以此来保护自己。你的孩子越是经常感到被排斥，他的自信心就越弱。自信心越弱，他就越容易再次感到被排斥。这样就很容易陷入恶性循环。

| 当你无法全神贯注地陪伴孩子时，请告诉他

在上一章中，你已经了解到，定期与孩子共度时光对他们来说是件好事，而且在这个时候保持专注是很重要的。当然，你并不可能总是做到这一点。有时你可能有其他事情要做，或者想要一些属于自己的时间。对你的孩子来说，比起你一直说"好的，我马上就来"却来不了，你能直接说明自己的情况要好得多。

还有一种情况是，你虽然在孩子身边，但由于心事重重而无法全心投入。这当然没关系，这是人之常情。这时对你的孩子来说，如果你能直接说出来会更好。"你可能注意到了，我并没有认真听，对吧？我还在想些事情。这真的不是你的问题。"或者："我今天早上情绪有些不好。这并不是因为你的原因，你可能会注意到我有时有点急躁，我会想办法自己调整。"

| 教孩子学会表现出脆弱

如果你的孩子在被排斥时经常假装不在乎，那么教他学会表现出自己的脆弱可能会有所帮助。被排斥的感觉本身就是非常不愉快的，但如果因为羞于启齿而无法与任何人分享这种感受，那情况就更加糟糕了。

> 梅雷尔最近和她最好的朋友吵了一架，那个朋友生气地回家了。我说："天哪，这可太糟了。""才不呢，一点也不糟，"梅雷尔说，"我还有很多朋友。"之后梅雷尔就完全无视这个朋友，表现得好像一点也不在乎似的。但她变得越来越暴躁易怒，因为一点小事就和她的弟弟吵架。我问："你是不是因为和好朋友吵架了所以很伤心啊？"她又答道："才没有。"但当我们进一步讨论时，发现她真的很在意这件事。于是我告诉她，和朋友吵架了，感到难过是很正常的，和对方好好谈一谈也许就能解开误会。那天晚上，她就给她的朋友打电话和好了。

| 向你的孩子解释人们为什么会那样做

高敏感儿童常常因为其他人的行为：有人因为脑子里装着别的事情而显得心不在焉，有人因为在生别的气而显得不够友好，你自己也可能会因为心里想着太多事情而无意识地对孩子态度冷漠。这是人之常情，我们无法避免这样的情况。然而，这种事仍然可能会让你的孩子感到非常不安全。如果他能理解这些行为并不是针对他的，他就不那么容易被影响。你可以经常向他解释人们为什么会做出那样的举动，这样对他会有帮助。如果有人对你的孩子不够友好，或者你看到你的孩子被忽视了，你可以对他说："他今天早上可能经历了一些不开心的事，不是你的问题。"或者："她现在可能在思考一些重要的事情，所以心不在焉。"

| 尽量少批评你的孩子

高敏感儿童对批评特别敏感。诸如"天哪，别再捣乱了"，"真是的，你怎么又搞得这么乱"或"你能不能别吵了"之类的批评会让他们感觉很受伤。对于家长来说，你可能只是在否定孩子的某种行为，但对于孩子来说，他可能感觉像是自己被完全否定了。这会让你的孩子感到很不安，使他更加难以表现良好或者得体。对于高敏感儿童，建议尽量减少批评。没有批评的情况下，孩子们会学得更快也学得更好。他们可以把原本承受批评所需的精力集中在事情本身上。如果确实有必要纠正孩子的行为，那么你可以告诉孩子希望他做什么，而不是对你不希望他做的事进行批评。比如，"如果你先洗手，我会很高兴的"听起来比"嘿，别用你那双脏手碰沙发"要舒服得多。

　　我的两个孩子吃起饭来都不太整洁得体。有时候我会因此感到非常恼火,忍不住喊起来:"哎呀,这看起来也太脏了。"此时我的大女儿会用一种"妈妈,别这么唠叨了"的眼神看着我,但性格更敏感的小宝则会难过得缩成一团。现在我会尽量放宽心态,当我想要说点什么的时候,我会用一种更令人愉快的方式。例如:"我们今天要不要来试试正式的餐桌礼仪?"或者:"来,我们装作自己在一家高档餐厅里吃饭吧。"

| 当你对孩子发脾气后立即修复联系

　　任何家长都可能会对孩子发脾气。而与高敏感儿童共处有时更令人紧张,也许你有时会情绪失控或者非常生气,让孩子感到害怕或忍不住哭泣。他也可能会装作满不在乎的样子,而你知道他心里其实非常难过。我们当然应该尽量避免这种情况(在第 6 章中你将了解为什么以及如何做到这一点),但我们也只是普通人,偶尔失控在所难免。在这种情况下,一定要确保事后立即修复与孩子的联系。重要的是要尽快这样做,而不是等上半个小时。例如,你可以这样说:"我刚才很生你的气,但我还是一如既往地爱你。"或者:"你明白吗? 即使我很生气,我也非常非常爱你,这点永远不会改变。"然后给他一个拥抱,或者一起做一些其他的事情来修复联系。

| 当你对孩子发火后不要感到内疚

有些父母在对孩子发火后会感到内疚。但对你的孩子来说，如果你能尽快放下这种负罪感，其实对他是更好的。孩子们活在当下，一旦糟糕的情况过去了，他们往往很快就能恢复好心情。你越早放下内疚感，就能越早与孩子修复联系，孩子也就越少受到困扰。

| 教你的孩子在不失去自我的前提下维护关系

一些高敏感儿童非常害怕被排斥，以至于他们可能会牺牲自己的感受，只为了让别人觉得他们友善可爱。他们可能会做一些自己实际上并不愿意做的事情，或者在有人对他们发脾气时表现得非常乖巧。这可能非常危险，因为这样可能会让他们完全受制于他人。如果你的孩子有这种情况，请定期与他讨论这种类型的困境。比如可以讲一个故事，主人公处于这样一种境地里：为了赢得别人的好感，他不得不做一些违背自己感受的事情。然后问问他遇到这样的情况会怎么做，并一起想办法找到妥善的处理方式。

> 皮姆的一位朋友是个非常胆大妄为的人。他会做各

种各样危险的事情，还会做很多不该做的事。最近我在皮姆的房间里发现了一张来自公交站广告灯箱的海报。当我跟皮姆谈起这件事时，他突然哭了起来。原来，皮姆和他的朋友吵架了，那个朋友说只有皮姆帮他把那张海报偷走，他才愿意和好。而我告诉皮姆朋友之间不必讨好，真正的朋友不会强迫你做你不想做的事情，或者让你做危险的事情。

| 给孩子偏离期待的空间

　　检查一下你自己是否经常期望孩子顺从他人的意愿。特别是如果你自己经常在意别人怎么看待你，那么很可能你会有意或无意地期望你的孩子迎合社会的期待。当然，为他人着想是件好事，但这并不意味着你应该忽视自我。因此，也没有必要要求你的孩子这么做。

　　罗斯是一个热情活泼但有点古怪的孩子。当她还是个幼儿的时候，她就经常在学校操场上大声唱歌和呼喊，而且我们去别人家做客时，你总能听到她高过一切的声音。我经常为此感到很尴尬，并不断敦促她安静下来。

　　现在回想起来，我很后悔自己当初那么做。我无意中传达给她一个信息，那就是不要太过于偏离"正常"的行为，尽管她实际上并没有做错什么。事实上，我本可以从她身上学习做自己，而不是反过来。

| 排斥是不恰当的教育手段

如果你和你的孩子之间有着牢固的联系，你的孩子就会非常愿意满足你的期望。他会尽最大努力确保你对他的所作所为感到满意。这很好，只要他不忽略自我，就完全没有问题。但如果他试图取悦你是因为害怕被排斥，那就完全是另外一回事了。他需要知道，即使他的行为不够好，你仍然会在他的身边支持他。或者说在这种时候你更应该在他的身边支持他。因此，当他做出不适当的行为时，不要表现出排斥，而应该用更多的联系来纠正这种行为。对你的孩子来说，"哦，我看到什么啦？整张桌子上都是颜料。我们一起把它快速清理干净，好吗？"比"哦不，你这是做了什么？五分钟后我回来时你最好让它变干净。"要好得多。同样，使用计时隔离或者忽略负面行为的办法也会让孩子感受到被排斥，因此这些做法也不是好主意。

令人紧张的事件

高敏感儿童可能会因为令人紧张的事件而承受很大的负担。过生日、第一次去新班级、参加芭蕾舞团的表演或者足球比赛，这些事情都可能使他夜不能寐、感到腹痛，或者使他做出非常令人困扰的行为。孩子表达紧张的方式各不相同，因此，有时你可能根本意识不到某些行为是由紧张引起的。

| 仔细观察紧张的信号

对于很多高敏感儿童来说，紧张会表现为身体上的不适。疲劳也可能是过于紧张的迹象。例如，如果你的孩子经常抱怨腹痛或头痛，或者最近总是感到特别疲倦，那么他很有可能是过度紧张或者在为某些事感到焦虑。令人不快的行为也可能是

过度紧张的表现。如果你注意到你的孩子已经连续几天情绪不佳，异常活跃，更频繁地发脾气或更多地与兄弟姐妹争吵，那么你可以看看是否有什么即将发生的事情让他感到紧张，或者有什么已经发生的事情让他非常焦虑。

在麦艾可长大的过程中我们经历了好几次。她突然在几周的时间里变得难以相处。最初几年，我们完全没有意识到这是由于紧张造成的。只是感叹这种不可预测性是与她相处时最棘手的部分。有时候她能连续好几周都表现得很好，然后突然又会经历一段乱发脾气的时期（而在我们看来，这个时期和之前相比明明什么区别都没有）。直到后来我们才注意到其中是有一定规律可循的。例如，她生日前的最后几周通常非常难熬，暑假的最后两周也是如此，对于即将发生的事件或变化，她会有明显的反常。现在我们知道了这些行为从何而来，也就可以更好地预见和应对它们了。

| 尝试找出令他觉得紧张的事情

如果你注意到你的孩子很紧张，但不知道是什么原因造成的，那么你可以和孩子讨论一下。你可以告诉他你注意到他很紧张，并问问他自己是否知道紧张的来源。有时他可能知道答案，有时你可能需要给他一些线索。这时就要仔细想一想当时都发生了什么，并一起检查一下孩子的情绪是否与此有关。"我注意到你似乎在为什么事情困扰着。会不会是因为你这周末要去参加同学家的派对？"或者："我在学校的新闻简报里看到你们这周要去博物馆。你会觉得这很让你紧张吗？"将帮助他讨论这些问题。有时孩子的情绪来源可能和你想到的事情完全不同，但你提出的想法也会为讨论这些话题提供一个好的开端。如果你的孩子还很小，那么谈话可能没有太大的用处。你可以自己观察一段时间，看看什么时候你孩子的表现格外令人困扰、比平时更顽固或者更爱哭。这样，你或许会发现他的内心经历了什么，然后就能帮助他用语言表达出来，或找到办法帮他缓解紧张。

| 减少令人紧张的事件的数量

　　如果你的孩子确实经常因为紧张而受到困扰，请尽可能减少那些容易引发紧张情绪的事情。对于高敏感儿童来说，普通的日常生活往往已经够令人紧张了。特别是当孩子还小的时候，建议不要安排太多额外的活动。他已经在经历许多"第一次"，再增加更多的活动并不是明智之举。例如，最好带孩子去附近的亲子农场，而不是刺激的游乐园；选择在社区踢足球，而不是去电影院看激动人心的 3D 电影。

| 教他如何应对紧张

不得不承认无论你如何努力避免让孩子感到过度兴奋，或积极地与孩子讨论这个问题，你的孩子肯定还是会有感受到紧张的时候。有时候，仅仅是理性地思考紧张的感觉并谈论它，仍然是不够的。你需要教会你的孩子如何放松。如果他还小，你可以和他一起做以下的尝试，这样当他长大后，他就知道自己能做些什么来减轻紧张感了。

下面是一些你可以使用的缓解紧张的方法，当然，你也可以自己想出一些方法。重要的是看哪些方法适合你的孩子，并在此基础上再做创新。

• 深深吸气，使腹部隆起。想象你肚子里装的是你的紧张感。然后慢慢吐气。重复这个动作几次。

• 假装"紧张"是一位客人。他现在就在这里。但你知道客人最终是会离开的。与其试图驱赶这位客人，不如给他提供一把椅子和一些饮料。让他随意地待在这里，想待多久就待多久。

• 来吧，让我们把紧张感冲洗掉。这里有一个淋浴喷头（随便拿一个物品）。享受你此刻美好的感受，我现在会帮你把所有紧张感从身上冲走。

| 在孩子紧张的情况下，不去过分要求他的表现

当你们处于一种令人紧张的情况下（对于高敏感儿童来说可能仅仅是将去拜访不熟悉的人），如果你的孩子表现得非常令人不快，请意识到他这么做不是为了惹你生气，也不是因为他不想好好表现。他只是处于"战斗—逃跑"的反应状态中。如果他没有逃跑的可能，他很可能会选择战斗。在这种情况下他可能真的会打其他小孩，但大多数时候会表现出对抗的行为。此时你的反应最好不要以压制这种负面行为为目的——因为这只会加剧他的紧张情绪。抱抱他、用手臂搂住他的肩膀、讲个笑话让孩子能够笑出来释放紧张情绪，都是更好的处理办法。

> 如果我们下午要做一些会让罗比觉得紧张的事情（比如去动物园或者参加一个没有任何熟人的生日聚会），他早上就会变得非常令人头疼。他会在房间里蹦来蹦去，完全不理人，如果我对此说上两句，他还会非常无礼地回应。当我还不知道他的行为从何而来时，我对他非常生气，但这只会让情况变得更糟。现在我会把他抱到我身边，再多和他亲亲抱抱，然后我们会一起讨论是什么事情让他感到紧张。

| 将保守视为一种良好的特质

高敏感儿童通常不是无缘无故地害怕某些事情。当他们相信某件事情是安全的时候，他们往往和其他孩子一样敢于尝试。只是他们需要更长的时间才能确信这一点。因此，相比其他孩子，他们陷入麻烦的可能性要小得多，这其实是一件好事。我们应该让自己的孩子知道，他相信自己的感觉是一件很棒的事情。

> 一次我们在游泳池玩，我发现我的女儿一直在看那个大滑梯。当我问她想不想从上面滑下来时，她猛地摇头说不想。但每当我们靠近那里时，她总是会徘徊迟疑一会儿。我说："你有点紧张，对吧？"我们一起爬到了滑梯上面，但到了那里她又不敢滑下去了。然后我们又回到了下面，看其他人是怎么滑下来的。大约十五分钟后，她说："妈妈，现在我敢了。"下午剩下的时间里，她就一直在滑梯上玩。在回家的路上，我和她讨论了这件事。"你总是想先确定一切安全，对吧？看到你这样好好地倾听自己的感受，我很高兴。"我希望她到了青春期也能如此，尤其是当她感觉到某些情况不对劲的时候。我们会看到很多孩子因为巨大的同辈压力而忽略了自己的感受，而我希望我的孩子可以一直倾听自己内心的声音。

| 看穿孩子坚强的表现

在一些家庭中，坚强（或者说勇敢）是一种重要的特质。尤其是男孩子，常常不被允许表露出任何恐惧。"得了吧，你不是个坚强的小伙子吗？"或："别这么娇气，你不会是个胆小鬼吧？"这通常是父母出于善意的发言，他们担心如果不这样的话，孩子就永远不敢尝试新事物。如果在你的家庭中，坚强被视为一种重要的特质，那么你的孩子可能已经在强装坚强了。高敏感儿童尤其会有这种倾向，因为他们想要满足别人对自己的期望。从表面上看，他似乎非常勇敢，但他的内心可能仍然充满恐惧。你常常可以通过其他症状识别出这一点。尿床、身体不适、行为极端活跃或表现叛逆，都可能是孩子在努力假装坚强的信号，而他实际上并没有表面看起来那么坚强。我们应该看到高敏感儿童的内心世界，理解他的节奏，静待花开。因此，让你的孩子听到并感受到：因为某些事情而紧张是非常正常的，我们会陪你好起来，这一点尤其重要。

第

4章

| **如何与高敏感
儿童合作?**

为了幸福地在一起生活,最好多与你的孩子合作。这是与他相处以及处理你们共同遇到的棘手情况时最愉快也最充满尊重的方式。合作意味着你们一起探讨如何处理事情,并共同寻找问题的解决方案。这样,所有家庭成员都会觉得自己的意见得到了聆听,每个人都能获得他们所需要的东西。合作并不是为了达到自己的目的而玩弄的某种小伎俩。它是一种态度,如果你现在还不太擅长合作,你可以学着培养这种态度。

许多父母认为他们应该决定事情如何发展，而孩子则应该学会按照他们的话去做。如果你也持有这种观点，那么可能很难有效合作。首先你需要解决观念的问题。在我们深入探讨如何合作之前，我们先来看看为什么合作会更好。

| 即使应对棘手情况，联系仍然存在

通过合作，你可以和你的孩子建立联系。即使当你们的意见不一致的时候，也能如此。他会体验到，你们可以通过共同努力来解决棘手的情况。你们不是对立的，而是并肩站在一起。每当你们共同想出解决问题的办法，你们之间的距离就会拉近，这样你和孩子的联系就会变得更紧密。

| 合作会让你的孩子感受到更多的掌控感

合作会让你的孩子感觉到自己也能控制局面。这样一来，他就不太可能为了掌控事态发展而固执己见。此外，对于高敏感儿童来说，无力感是情绪爆发的一个重大诱因。他体验到的掌控感越多，就越不会感到无力。

> 我们家真的陷入了一种权力斗争。在一段时间里，我的女儿会拒绝我对她说的每一句话，好像她只是想要明确表示她自己说了算。后来我们开始与她合作。我们和她

讨论，表示会尽量多考虑她的意见。但这一过程并不容易。最初的一周，我经常怀疑这样做是否真的有效。但到了第二周，我开始感受到了变化。虽然我们仍然会有一些激烈的对话，但这些对话都是关于我们双方各自需要什么而不是关于谁说了算的。这样一半的争吵就消失了。

| 无须权力

当你与孩子合作时，你不要命令他。你们要一起寻找双方都能接受的解决方案。将威胁、警告、惩罚（甚至还有奖励）、扮演警察这类方式抛在脑后。

| 你的孩子不会不把你放在眼里

合作意味着你们双方都能得到想要或者需要的东西，而不会以牺牲对方为代价。你们将学会为对方着想，在尊重对方底线的同时，表达自己的需求和利益。合作并不意味着你的孩子会不把你放在眼里或者对你颐指气使，相反他也会考虑到你，以及对你来说重要的事情。

我们一家人开始合作已经有好几年了。一开始，这样做相当困难。有时候我感觉只有我一个人在为其他人考虑。孩子们需要花更多的时间学习。几个月后，巴特真的也开始为我考虑了。他自发地问道："妈妈，你到底想要什么？"或者："你认为什么样的解决方案比较好？"这是我一开始做梦都不敢想的。

你的孩子将在实践中学会合作

如果你们在家庭中总是一起合作，你的孩子就会自然地学会如何做到这一点。这将对他在家庭之外和未来的生活大有裨益。在一个会为彼此考虑的家庭环境中长大的孩子，会自然而然地觉得与其他人相处时也应该这样做。你的孩子会努力维护自己的权利，同时也考虑到他人的利益和需求。因此，合作的方式除了能使家庭生活变得更加愉快和轻松之外，还能够教会孩子一些让他终身受益的思维。

你做什么孩子就做什么，而不是你说什么孩子就做什么

孩子们从我们的行为中学到的东西比从我们的话语中学到的东西更多。作为父母，如果你总是为了一己私欲把自己的意愿强加给孩子，那么你实际上就是在告诉你的孩子，把自己的

意愿强加给别人是没有问题的。正因为你的孩子有着如此强烈的自我意志，他必须学会考虑他人的愿望和需求。而只有当他看到你也这样做时，他才会学到这一点。

寻求双赢

如果你按照我在第 2 章中描述的方式给予了孩子较多的控制权，并按照我在第 3 章中描述的办法不那么强势地接近他，那么许多事情都会进行得很顺利。冲突会大大减少，你的孩子会更容易配合。然而即便如此，在许多情况下，你和你的孩子仍然会有不同的需求。在这些时刻，你们就需要合作了。合作是艰难的。即使是成年人，也有很多人感觉很难和他人有效地合作。有许多培训课程教员工如何以专业的方式处理不同的观点和利益，人们也常常因为无法找到令双方满意的解决方案而诉诸法庭。因此，在家庭中合作也是一个相当大的挑战。这并不是一件随随便便就能做到的事情。

那么应该如何做呢? 共同寻找解决方案其实就是一起思考并讨论每个人的愿望是什么，以及如何满足它们。这个道理其实很简单。然而，在实践中这却是一件相当困难的事。如果你想最大限度地提高成功的概率，那么请尽可能地运用以下方法。

| 看到立场背后的真实诉求

当人们在某件事上有分歧时，他们往往会执着于自己的立场。如果你们从不同的角度出发进行合作，那么你们很快就会进入谈判，而最后的结果往往会是一种折中的方案。例如，如果你的孩子想在外面玩到八点，而你希望他六点半就回家，那么七点一刻回家看起来似乎是个不错的折中方案。我们已经习惯于这样解决问题，但实际上这样双方往往都无法得到自己想要的。对你来说这个时间仍然太晚了，而对你的孩子来说这个时间还是太早。看到双方在各自立场上真正的诉求往往可以从核心上解决问题。不同的诉求需要不同的解决方案。例如，如果你希望你的孩子六点半回家是因为你希望他有足够的睡眠，那么你们或许可以达成这样的约定：他可以在外面玩到七点半，但是回家后必须直接上床睡觉。如果你在意的是他能够安全回家，因此你希望他在天黑前到家，那么假如他能和一个小朋友一起回家，你或许完全可以接受他在外面玩到八点。从你孩子的角度看，他们关心的因素可能与你关心的截然不同。比如，也许他所有的朋友都可以在外面玩到很晚，因此他觉得如果自己必须第一个离开会很尴尬。或者他的朋友们可能要六点半才出来，这样他根本没法和他们一起玩。只有当你把诉求摆到桌面上，你们才能一起找到解决方案。

| 想出一个家庭口号

制订一个家庭口号会有所帮助：用一句话表明你们将始终尽最大努力倾听彼此、理解彼此并为彼此考虑。通过经常重复这句话，你的孩子会真正感受到你们就是以这种方式对待彼此的。大家可以一起想出一个最适合你们的句子。

> 下面是一些我的学员为他们的家庭拟定的口号的示例，但最重要的是和你的孩子一起选择你们喜欢的。
> - "在这个家里，我们会为彼此着想。"
> - "如果有问题，我们会一起解决。"
> - "我们总是认真对待彼此。"
> - "我们总是互相倾听，并尽力让每个人都感到愉快。"
> - "在这个家庭里，我们每个人都同等重要，每个人都有发言权。"
> - "在这个家庭里，我们追求双赢。"

我们的儿子杰罗恩有一个很大的特点，就是如果我没有立刻对他的请求说"好"，他就会勃然大怒。这种时候他会大喊："在这儿总是什么都不许做。"然后他就会踢桌子或者去捉弄他的小妹妹。从几个月前开始，我们经常

会喊一个口号："在这个家里，我们会为彼此着想。"我们
也确实在努力将这句话付诸实践。现在，当他似乎要发怒
的时候，我会非常明确地说："杰罗恩，你知道我们是会
为彼此着想的。我们也会考虑你的想法。请你冷静地告
诉我，对你来说到底什么重要，我们一定能够找到解决
办法的。"而他也会平静很多。

| 认真对待彼此的需求

无论你孩子的需求在你看来是多么不切实际，对他来说，
你至少会认真对待他的愿望是至关重要的。如果他 6 岁时想
要一辆四轮车，因为他班上的同学就有一辆，这在你眼中可能
很荒谬，但对他来说这就是一个很重要的愿望。"哇，我能理
解，你真的很想要那个。那确实很酷。"如果他还想继续谈论
这个话题，就让他继续说。当你认真听完他的想法后，再提出
你的考虑："我可以向你解释一下为什么我觉得这不是个好主
意吗？"始终先让你的孩子谈论对他来说重要的事情，然后再
提出你自己的意见。只有当他感觉自己的想法被听到时，他才
能够倾听你的想法。

| 保持真诚和真实

如果你希望你的孩子也可以为你考虑,那么一定要明确哪些事情对你来说是重要的。说明自己的界限,并告诉对方你的需求是什么。你不必与你的伴侣保持一致,因为你的伴侣认为重要的事情可能与你的截然不同。很多人认为他们必须与伴侣保持一致,然后在他们其实根本不认为有问题的事情上刻意设置障碍,或者勉为其难地接受自己实际上并不认同的事情。当你们一起寻找解决方案时,你们每个人都可能有不同的利益诉求。最终,你们也确实需要和你们的孩子一起达成一致以选择解决方案,但你们并不需要事先就对所有事情持有相同的看法。

> 我的丈夫非常讨厌孩子们在沙发上跳来跳去。而我对此完全不介意。但为了不破坏他的权威,我整天都得把孩子们从沙发上拽下来。当然,这根本不起作用,孩子们也能感觉到我其实并不介意他们这样做,而这只会让我越来越暴躁。后来我们一起讨论了这个问题,最终的解决方案是:我在家时他们可以这么做,但我的丈夫在家时则不可以。现在,只要我们听到钥匙插进锁孔的声音,我们就会一起大喊:"快,从沙发上下来!"而且没有人会责怪其他的人。我们需要考虑不同家庭成员的感受,而孩子们也会在进入社会前了解到不同的人对事情持有不一样的观点。

| 好好感受自己的界限在哪里

你也可能很容易陷入"做理想型父母"的陷阱。这样，你就可能会答允一些实际上已经越过自己底线的事情。如果你发现自己有过这种情况，那么最好重新审视一下自己的界限和需求。只有当每个人都认真对待彼此时，合作才有可能实现。如果你希望你的孩子认真对待你，你首先需要认真对待自己。

> 我一直梦想着拥有这样一个家庭，每个人都围坐在餐桌旁一起吃晚饭，并且家里热热闹闹的。但老实说，现在这往往是我最不希望发生的情况。尤其是在工作日，我实在是太累了。当伊琳问我是否可以请朋友来家里吃晚饭时，我确实会有些抗拒，但如果她再稍微念叨一会儿，我几乎总是会同意，因为我想做一个好妈妈。结果往往是我筋疲力尽地倒在沙发上，埋怨伊琳为什么总要这样一直念叨纠缠。现在，我真的越来越善于坚持自己的需求了。最近有一次我这样说道："我觉得这实在太累人了，我已经辛苦工作了一天。""那我们来布置餐桌，吃完饭后还会把餐具放进洗碗机，这样你就可以稍微休息一会儿了，你觉得这样如何？"所以孩子是愿意考虑我的需求的，但我必须把自己的需求表达清楚。

| 相信你们能共同解决问题

与孩子一起合作并给予孩子发言权，这可能既令人兴奋又困难重重。比如，有些事对你来说非常重要，孩子却真的不愿意做，这时候该怎么办呢? 或者，如果孩子非常想要做某些事，而这些事对你来说却实在无法接受，又该如何呢? 此时你就遇到麻烦了。尤其是当你们刚刚开始合作时，你们必须树立起信心，相信你们总能找到解决方案。如果孩子们感觉他们的意见被考虑到了，他们也会愿意考虑你的想法。你们之间不是对立的，而是有着相同的利益，那就是你们都在寻找一个合适的解决方案。

最近，我丈夫和儿子针对一个过夜的计划进行了一场激烈的讨论。儿子气冲冲地回到了自己的房间。他愤怒地喊道:"我不去!"我走过去找他，并和他进行了如下对话:"我想和你谈谈今晚在爷爷家过夜的事情。""我不去。"(非常生气的语气)"给我说说，你为什么不愿意去呀?""我是愿意去过夜的。但这个假期我打算去皮普奶奶家过夜的。""啊，好的，也就是说，关于这次去爷爷家过夜的主意，你还需要适应一下，是这样吗?""是的，而且你也应该早点告诉我今天要去过夜的。"(恼怒)"我明白。这次的安排来得有点突然，对吧?""没错!""你知道的，如果你真的不愿意去，我们可以另找其他的解决办法。这点你明白吧？""是的，我明白。""那你知道为什么我很希望你去过夜吗？""知道，因为这样你今天和明天就可以多工作一会儿了。""没错，这样我周三就有一整天的时间来和你们一起做点有趣的事情了。""那好吧。"（深深地叹了口气）"谢谢你，亲爱的。""不客气，妈妈。"（露出了灿烂的笑容，接着是一个吻）

| 给机会让你的孩子来做最终的决定

有时候，将最终决定权交给孩子，并试图唤起他们的同理心和理解，也是一个非常有效的方法。当然，这并不总是可行的，但时不时这样做可以增强他们为他人考虑的内在动力。"你知道吗，我真的很希望能现在吃饭，但如果对你来说现在完成你的画而不是晚饭后再完成真的非常重要，那我们也可以十五分钟后再吃。你来决定吧。"尤其是当你们已经合作了一段时间并且与孩子的关系非常好的时候，他很可能会立刻坐到餐桌前。如果不是这样的话，那就晚一点再吃就好了。生活在一起就是有给予也有收获。

佩彭总是喜欢穿运动裤。他觉得其他类型的裤子都不舒服。我并不介意这一点，只要衣服干干净净、没有破损，他想穿什么就穿什么。但后来我的哥哥要结婚了，他非常看重得体的着装，而我也觉得带着穿运动裤的儿子去参加一个庄重的婚礼不是什么好主意。另一方面，我知道佩彭本来就不太擅长应付这种场合，我也不希望让他事先就对整个婚礼产生不愉快的印象。于是我给他看了写有着装要求的邀请函，并向他解释了这是怎么一回事。我问他："那么你想穿什么呢？""这得看我要穿多久了，"他说，"不过为了布拉姆伯伯，我还是愿意付出努力的。"信不信由你，在整个仪式上，佩彭一直穿着西装，打着领带，满面笑容地坐在第一排。在随后的派对上，他穿上了一条尽可能整洁的运动裤和一件漂亮的毛衣，这样也完全没问题。

| 思考解决方案比找原因更有价值

为了更好地合作，思考解决方案至关重要。你应该多考虑你希望如何改变情况，而不是关注当前情况有多糟糕以及它是如何发生的。我们常常倾向于思考问题是如何产生的或者是由谁造成的，尤其是在发生了不愉快的事情的时候。当浴室里全是水时，我们常常会质问："这里到底发生了什么？"再比如："是谁在沙发上抹了巧克力酱？"或者："你怎么还在磨蹭？"其实这些提问都集中在想要找到问题的起因上。首先，这样并不能使你更接近解决方案，反而会让你离解决方案更远。你的注意力将朝着错误的方向发展。其次，通过寻找原因，你最终会自然而然地找到一个"罪魁祸首"。这样也不是很有建设性，因为如果孩子感觉自己有"罪"，他就不太能一起思考解决方案。结果，糟糕的情况只会持续更久。因此，最好尽快将你和孩子的注意力转移到需要做些什么来解决令人不快的情况上。"哎呀，这里真的好湿啊。我们能做些什么呢？""沙发上有巧克力酱。我们该怎样解决这个问题呢？""我们必须马上出发了。我们该怎么确保及时准备就绪呢？"

| 表明你稍后会和孩子谈这个话题

有时，将关于某件事的谈话推迟到更合适的时间可能会很有意义，例如，你可能会对孩子提出的某个问题感到措手不及，需要时间去思考一下。或者当前可能并不适宜讨论这件事，因为他其实已经很累了，无法理智对话。一旦他相信你们总能一起找到解决办法，你就可以安心地推迟此类对话。"你知道吗，我看得出这件事对你来说很重要。所以，我觉得我们最好换个时间，等我们有更多时间的时候再讨论这个问题。这样我也能好好地听听你的想法。"

玛蒂在上床睡觉前对我说道:"妈妈,我想要一部手机。我们班上(六年级)其他孩子都有了。"我们之前已经谈论过这个话题,她也知道我对此是怎么想的,但现在她最好的朋友也得到了一部手机,所以这个问题又自然而然被提了出来。一开始我和她讨论,但她对一切的反应都很不理智,所以我决定换个方式处理。"这样吧,"我说,"明天早上我们提前十五分钟起床,到时候我们再谈谈这件事。"第二天早上我们详细讨论了这个问题,并且达成了约定:等她上中学时,她可以得到我的旧手机,并且到时候她需要自己支付费用。从那以后,我再也没有听她提起过这件事。

| 每个人都必须同意最终决定

最终选出的解决方案并不需要是每个人都喜欢的,但大家必须对此达成一致。请再三确认你的孩子是否同意你们共同做出的决定。如果他有些抗拒,那也没什么关系,但至关重要的是他的同意必须出于自愿。征得每个人同意的过程,不论是对于他人还是自身,都是获得掌控感的过程。另外,自己时不时表现得灵活一些也无妨。教育就是以身作则,你的孩子也能从你的行为中学会保持灵活和弹性。

| 合作与谈判有着本质的区别

人们常常认为，谈判与合作是一回事。其实完全不是这样。谈判者总是试图为自己争取最大的利益。他主要考虑的是自己的利益和立场，并希望尽可能地维护这些。他的目的是为自己争取尽可能多的利益，哪怕以牺牲他人的利益为代价。而合作则意味着寻求双赢。不是双方都做出妥协，而是深入理解彼此的需求，看看是否能制造更多双赢的机会。

选择时机

如果你们按照这种方式合作，大部分问题都会迎刃而解。然而，仍然会有一些事情难以解决，或者需要一次又一次的重新讨论。这自然会消耗大量的时间和精力。因此，提前做好约定或者设立惯例通常会更好。

> 在实践中，我通常能够和伦斯一起想出令我们都满意的解决方案。但关于某些事情，我们不得不一遍又一遍地重新讨论。例如，当我们第五次试图想出办法解决"他还想继续玩而我想按时吃饭"的问题时，我真的受够了。那天吃晚饭时，我们讨论了如何处理这件事。我们最终达成了一个固定的约定，这样我们双方就都清楚以后遇到这种情况该怎么办了。

　　不要试图在激烈的争论中达成约定或者设立惯例，而是应该另择时间。你可以为此安排一个特定的时间，也可以选择一个自然而然出现的时机。无论如何，重要的是在你感觉自己状态良好的时候做这件事。你的孩子也需要对此抱有开放的态度。如果他正忙于其他事情，或者他的"水桶"已经满了，那么达成约定就会变得非常困难。也有一些家庭每周都会聚在一起召开家庭会议，讨论这类事情。

| 达成约定

达成约定与合作是一回事，唯一的区别在于选定的解决方案不仅适用于当时的情况，还适用于以后出现相同情况的时候。因此，你往往需要花费更多时间来做这件事，因为约定并非仅仅针对特定时刻的解决方案，而会产生更加深远的影响。原理是不变的。你们需要一起讨论每个人想要什么或需要什么，并且想出解决方案。

| 共同设立惯例

家庭中拥有越多的惯例，就越少需要思考特定的事情。日常惯例，就是总是以相同方式进行的事件。因此，它们实际上也是一种特定类型的约定，只不过它们的内容是关于特定事件的顺序。比如关于早晨例行程序的惯例：你的孩子希望在早上上学前做些什么，对你来说做哪些事是重要的，以及你们如何为这些事情安排一个固定的顺序。

| 自己树立好榜样

即使你们已经有很好的约定和惯例，孩子也有可能突然不遵守约定。那么此时从联系和合作的角度出发来应对就非常重要。那么，你该如何确保约定得到遵守呢？

如果你希望孩子们遵守约定，你就必须做到这一点，哪怕这有时可能会给你造成不便，或者哪怕你其实希望采取不同的做法。

自从我们家开始非常有意识地协商约定，我意识到自己也经常不遵守约定。如果工作中出了什么事情，我会比约定的时间晚半个小时才回家。或者如果我答应了诺亚周末和他一起踢足球，但我又不想去了，我就会编造一些借口。现在，我会遵守自己的承诺。但我会更加仔细地考虑自己约定和承诺的内容，也我会始终把我与家人之间达成的约定放在优先级的第一位。

当然，有时你可能确实无法遵守某个约定或承诺。这时，向你的孩子道歉并一起想办法弥补，这样对孩子来说会比较好。"亲爱的，我知道我之前答应过今天下午和你们一起去游泳，但你的哥哥生病了。我真的非常抱歉现在无法履行我和你之间的约定。我们能想出什么办法来解决这个问题吗？"如果你的孩子还是很生气，请接受他的情绪（下一章还会详细讨论关于情绪的话题）。此时不要太期待孩子能够多么理解你。只有当你能够理解他的失望，他才能反过来试着理解你。

| **召开家庭会议**

对于一些家庭来说，召开家庭会议来讨论事情的进展会非常有效。大家是否都对已经达成的约定仍然感到满意，是否需要新的约定，大家是否都能遵守约定? 通过定期讨论以上问题，你的孩子会感觉到他的意见得到了非常认真的对待。同时，这也让你有机会提出你希望做出的改变。有些家庭甚至会做会议记录，或者轮流让不同的人担任会议主席。你可以每月或每周举行一次这样的会议。最重要的是选择一种适合你家庭的方式，并以一种你能长期坚持的频率执行。

> 我们家有一个关于洗衣服的约定。孩子们会把自己的脏衣服放进洗衣篮里，我来把它们洗干净并叠好，然后放进他们各自的篮子里。然后他们会把所有衣服放回衣柜，或者早上直接从篮子里随手抓出衣服穿。我觉得这样就挺好的。不过在会议期间，两个大女儿提到她们觉得等所有衣服都洗完时间太久了。于是我们重新讨论了这个问题，我解释了为什么有时会需要更长的时间。现在我们有了一项补充约定，如果孩子急需某件衣服，就跟我说一声。然后我可以立即告诉他们我是否能把这件衣服及时准备好。如果不能的话，他们就自己洗。

| 友好地提醒你的孩子遵守约定

如果你的孩子没有遵守约定，请友好地提醒他。在某些时刻，孩子们可能会忘记约定，尤其是涉及对他们来说不太重要的事情或者他们不喜欢的事情时。在这种情况下，不要表现出恼怒或生气，而应该用友好的语气重复约定。"记得吗，我们说好啦，我们大家都要把自己的盘子和餐具放进洗碗机里。来，快把你的也放进去吧。"

基于善意理解孩子

如果你的孩子无论如何仍未遵守约定，请始终相信他是因为善意的理由才这样的，并基于这样的想法来对待他。"我们约好了早上先穿衣服，然后再玩，记得吗？跟我说说，你为什么还穿着睡衣就开始画画了呀？"这样做可以给他一个机会，让他在不丢面子的情况下纠正错误。他可以轻松地说："哎呀，我忘了。我现在就去穿。"如果你立刻以指责的方式做出反应："你看看，你怎么还穿着睡衣？看来我和你什么约定都做不了。"他就会产生抵触情绪，这只会让他更难遵守约定。

鼓励你的孩子遵守约定

只要约定有效，每个人都必须遵守它。因此，即使你的孩子有时候不愿意，他也必须遵守约定。如果你因为不想听孩子发牢骚就对他放任不管，你自然无法取得任何进展。约定就是约定。对你的孩子也要这么说。心平气和地坐在他旁边，友好地看着他，然后告诉他："遵守我们说好的约定是很重要的。这点适用于我们所有人，也包括你。"通常这样做就足够了，他可能会抱怨，但最终还是会做自己需要做的事情。这时你可以轻松地回应一下，评论一句："哎，这可真不容易啊，对吧？很高兴你还是做到了。"有时他可能还需要更多的鼓励。那你就可以帮一帮他，或者用幽默的方式解决问题。

| 坚持遵守约定，对孩子的帮助更大

如果你知道坚持遵守约定是在帮孩子一个大忙，那么坚持下去可能就会更容易一些。高敏感孩子需要可预测性，如果他发现他可以在关键时刻轻易地逃避约定，那么制订和遵守约定就会变成一件不可预测的事情。这会导致在制订约定时，你的孩子可能会更容易同意，因为他知道自己无论如何都能找到逃避的办法。长此以往，约定就没有意义了。更好的办法是，在达成约定时，你的孩子已经认真思考了他能真正做到的事情，你们都在这种基础上制订约定。

| 孩子受到过度刺激时的例外情况

有些时候，你的孩子可能真的太累了或者受到了过多的刺激，因而无法遵守约定。在这种情况下，迁就他一次也没问题，但要清楚地告诉孩子，你这么做只是出于这个原因。"你今天也过得很辛苦，对吧？这样吧，我今天会替你去遛狗，但我希望你能确保自己明天有足够的精力亲自去做这件事。"

| 有合理原因时的例外情况

不要对自己已经达成的约定过于死板。如果你和孩子约定好了晚饭后不再外出，但他最好的朋友打电话来问他要不要看一看新买的蹦床，那么这就是一个破例的好理由。有时候，你自己也可以积极地打破约定。"我们是不是应该放纵一次，把那部电影舒舒服服地看完，尽管已经过了睡觉时间？"然后一定要提醒一下，只是这一次这样，明天还是要按照原来的约定来。

| "如果……怎么办？"

在约定时，一定要讨论如果某一次做不到该怎么办。你们可以如何督促对方，并以什么样的方式互相提醒？你还可以通过这种方式教会你的孩子，如果某一次他不能或者不想遵守约定，应该事先与对方商量。这样你就能教会他始终要对自己的事情负责，而且即便他无法兑现自己所做的承诺，也不能就此放任不管。你可以告诉他，在共同协商之后违背约定完全没有什么问题，但如果有人未经任何协商就不履行自己的约定，那就非常糟糕了。

| 尽量保持轻松

你当然可以把这一切都当作一件非常严肃的事情来处理。但这样会让它变得枯燥和乏味，而这恰恰是孩子们最不喜欢的。

所以即使在制订约定时，不要忘记一起享受乐趣，互相开开玩笑，尽量轻松一些。你现在可能会认为这一切都非常耗时，然而在实践中，这些对话往往只需要几分钟。而且，这段时间通常很快就能在事后再赚回来，因为你的孩子对需要做的事情不再有抵触情绪。一段时间过后，父母会发现合作能节约时间。毕竟权力斗争消失了，这意味着很多事情都不再是问题，只剩下真正重要且绝对值得讨论的事情。

> 在最初的三个月里，我有时会感觉我们整天除了讨论和交谈什么都没干。我觉得这非常麻烦，但这总比为了各种小事发脾气要好，所以我们还是坚持了下来。现在，这已经成了一种习惯，甚至有些日子我感觉这一切都是自然而然发生的。我也很少再感觉到佩德罗想要强行按照他的意见来了，而我以前每天可能有十次这样的感觉。现在我主要是通过其他人的反应，才能意识到我们确实做了很多事情。我姐姐最近这样问我："你不觉得总是要商量这商量那很累吗？""是的，"我回答，"有时候确实会。但比起我们以前的那些争吵，这样要轻松多了。"

| 与年幼的孩子合作

如果你在阅读这一章时，你的孩子还是学龄前儿童，你可能会时常想道："我的孩子肯定还做不到这一点。"事实也的确如此。年幼的孩子往往还不能很好地思考一小时后会发生什么，更不用说一天后会发生什么了，他们也尚未具备真正设身处地为他人考虑的能力。

然而，你们其实可以从孩子很小的时候就开始合作，实际上从他一出生就可以。与其让孩子表达他想要什么然后再与他商讨，不如你自己考虑如何以孩子也能接受的方式来实现你想要做的事情。假设你想出去散步，但宝宝不愿意坐在婴儿车里，那么使用婴儿背带可能是个不错的选择。如果你希望和孩子一起坐在餐桌边愉快地用餐，但他却在五分钟后就坚持不下去了，那么等他吃完后在他面前放一个装有小玩偶的小盒子或许会有所帮助。如果你希望在一天结束时房间能保持整洁，但孩子又不愿意拆掉他的乐高城堡，那么你或许可以创建一个展览角，为他的"艺术作品"留出空间。如果孩子晚上突然想和你一起睡，但这会让你彻夜难眠，那么在你房间里放一个小床垫或许是对你们俩来说都可以接受的方案。当然，我还可以想出数以百计的例子，每个父母和孩子也都可能会有不同的解决办法，但最重要的是这背后的态度，我们要共同创造一个让你和我都觉得舒适的环境。

从小把孩子当作合作者好处多多

从小就以这种方式对待你的孩子有很多好处。首先，这样

做往往可以从一开始就避免孩子的抵抗和情绪爆发。通过这种
方式，你和孩子会更多地"并肩作战"，而不是站在彼此的对立
面。你们之间的联系会更加紧密，你的孩子也不会将你视为扫
兴者、警察或者唠叨鬼。因此，当发生一些确实"只能照章办
事"的情况时，孩子通常也会更容易接受。此外，这种"对你
来说能接受、对我来说也能接受"的心态并不是那么容易就能
拥有的。这需要练习和重复，而你越早开始这样做，当你的孩
子长大到能够有意识地参与约定的讨论时，事情就会变得越容
易。最后，教育就是以身作则。如果你的孩子从一开始就体验
到这是你们之间相处的方式，那么久而久之，他也会更容易学

会与人相处。

| 请记住年幼的孩子还无法设身处地为你考虑

高敏感儿童对联系有很强的需求。这使得他们通常都愿意尽最大努力满足你的期望。然而，年幼的高敏感孩子还是会经常表现出以自我为中心的行为。父母有时可能会为此感到有些不安，有时可能会觉得孩子似乎只按照自己的意愿行事，根本不考虑你的感受。这时，你可能会认为自己需要更加严厉一些，因为担心他长成一个总是只按自己的意愿行事、从不考虑其他人的人。如果你了解到，7 岁以下的孩子通常无法想象你的感受，或许能释怀些。因为他们能感觉到你很伤心或者失望，但他们还不能理解他们的某些行为对你来说可能是多么令人尴尬或者讨厌。毕竟设身处地为他人着想，想象其他人是如何体验或看待事物的，是一种认知技能，而这种技能直到孩子 7 岁时才会真正发展起来。从那时起，你会越来越频繁地注意到，你的孩子也会自发地思考某些事情在你眼中是怎样的。

惩罚与奖励真的总能奏效吗？

我坚信，对所有孩子来说，与他们合作比惩罚和奖励他们要更好、更令人舒适。但事实是有许多书籍都在探讨关于如何在养育孩子的过程中使用惩罚和奖励手段，而且许多父母在孩子不听话时会采取计时隔离的措施。也就是说，关于这个话题的意见有很多分歧。许多高敏感儿童的父母有时会怀疑，使用惩罚和奖励的手段会不会更好。毕竟这种方式似乎对许多孩子都很有效。然而，经验表明，对于高敏感儿童而言，惩罚和奖励在短期内往往不起作用，而长期来看甚至可能适得其反。下面，我将解释其中的原因。

我们从未惩罚或奖励过大女儿，只因这不符合我们的教育理念。但当约书亚快 5 岁时，我真的不知道该怎么办了。于是我们去寻求帮助，得到的建议是要保持一致性，要设立明确的规则和与之对应的奖惩措施。

　　起初，这似乎真的奏效了。前三天，约书亚为了得到一张贴纸做了所有的事情。第四天，他在人群中跑得太快了，因此没有得到贴纸。然后，他发了一场比以往任何时候都严重的脾气，从那天起，任何奖励都不能引起他的兴趣了。计时隔离对他也不起作用。不管我多少次把他放回楼梯上的"思过角"坐着，他就是不肯待在那里。有一天，我整个下午都在忙着对付他，连续两个小时一直不断把他放回去坐好，期间他一半时间都在尖叫，好像我在虐待他一样，这让我感觉自己是有史以来最糟糕的母亲。

| 高敏感儿童只会在内驱力的激励下才会行动起来

　　惩罚和奖励都是试图利用外部刺激来改变孩子的行为。许多高敏感儿童对此并不敏感。他们对掌控感和亲身体验事物有着强烈的需求，以至于他们宁愿受到惩罚，也不愿意按照别人的要求行事。许多父母说，奖励制度有时会在一段时间内起作用，但绝不会持续很长时间。这种方式之所以能产生效果，通常是因为大多数引入奖励制度的父母会和孩子对话，并在对话中表达自己的期望。这会让高敏感儿童变得更有动力，因为他们想要满足父母的期望。也许他们会暂时放下自己的需求，但这通常只能持续很短的时间。

| 你的孩子比你更能坚持

大多数高敏感儿童比他们的父母更有毅力，往往也更有创造力。他们总能找到方法绕过规则，设法避开某些惩罚，或者干脆让你再也抓不到他们做了什么。对一些父母来说，这是一个应该开始采取更加严厉的惩罚手段或者加强控制的信号。他们开始将孩子视为某种对手，把自己的意志强加给他们，这将严重损害亲子关系。告诉高敏感儿童他必须坐在楼梯上反省，通常没什么作用。他很可能会直接拒绝。那你该怎么办呢？有些教育专家会建议你强迫他。例如，他们可能会说你应该惩罚他在自己的房间里面壁思过，然后你自己坐在门前，这样他就出不来了，或者你应该不断地把他关进去。而这么做对于你们彼此之间的关系当然是极为不利的。

> 有一次，我们去拜访朋友。他们的小女儿做了一些不被允许的事情，在一次警告之后，她不得不坐在惩罚垫上。虽然她对此略有抗议，但还是乖乖照做了，没有进一步反抗。两分钟后，她被允许离开垫子，还得到了她父亲的一个大大的拥抱。这在我们家是无法想象的。我差不多得把伊莎贝尔绑起来才能让她坐在隔离楼梯上，之后她可能还会对我生气一个小时。我从来不明白别的父母是怎么做到这件事的。高敏感儿童似乎对惩罚有天然的抗拒。

你的孩子不是因为不愿意，而是因为他还做不到

大多数高敏感儿童其实非常想做好每件事。他们往往比其他孩子更能准确感受到别人对他们的期待。因为他们非常希望保持联系，所以特别想要满足这些期待。而基于惩罚和奖励的教育方式实际上建立在这样一个观点之上：你的孩子其实可以做到这件事，但却因为不愿意而不去做。这就是这种制度向孩子传递的信息。你这么做等于是在说"我认为，当你不配合的时候，只有我惩罚你，你才会愿意配合"或者"只有当你得到奖励的时候，你才会愿意配合"。你混淆了孩子的能力和意愿！

惩罚会破坏对你的孩子来说至关重要的联系

当你对孩子采取计时隔离的措施时，你就切断了与他之间的联系。然而，这种联系对他的幸福感至关重要。一些高敏感儿童可能会突然转变态度，开始热情地讨好你。这看似令人愉快，但最终会对你不利。你的孩子会感到越来越懊悔，并开始怨恨你。这将导致你们关系的恶化。

你的孩子还可能会习惯于为了得到别人的喜爱而讨好别人，这种习惯可能导致他将来更容易陷入牺牲自我的不健康人际关系中。另一些孩子则可能开始对抗起来，因为如果联系已经断了，他们就感觉已经没有什么可失去的了。他们可能会表现得什么都不在乎，对一切都无所谓。

即使你成功通过这种方式让孩子守规矩，这也是以牺牲孩子的自主意志为代价的。强烈的自主意志是一种非常好的品质，关键在于你把它用在什么地方。如果你以强烈的自主意志去做一些美好的事情，那么世界将因此变得更加美好。因此，如果你通过惩罚让孩子乖乖听话（对于高敏感儿童来说，这种事情的概率十分渺茫），其实你是在摧毁他的意志。这是非常可惜的。你肯定希望你的孩子可以发挥他的力量，而不是扼杀这种力量。

| 惩罚会反噬

总会有一天你的孩子会比你有力量，比如到了某个时刻他会长得比你高大，或者他可能会发现你的弱点并能够加以利用，而这时惩罚更大的副作用也会显现出来。

> 一段时间以来，惩罚在我们家一直相当有效。每当维尔莱真的越过了界限，我就会把她关进她的房间。她总是不愿意去，但我会把她抱起来，直接带她上楼。然后我会一直守在她房间门口坐着，直到时间结束，这样她就不能跑出来了。但是，终于她还是长大了，长大到我无法对她实施外力。此时我便无计可施了。

| 总有一个人是输家

当你和你的孩子彼此对立,而你试图通过权力让他做你想做的事情时,总有一个人是输家。要么你得到了你想要的,而你的孩子输了;要么你最终妥协,于是你自己输了。当然,从长远来看,你们两个人其实都输了,因为这将使你们之间产生怨恨。如果你经常输,你就会开始怪罪孩子在你头上作威作福;如果你的孩子经常输,他就会觉得你永远是那么独断专横。而这一定不是你想看到的结果。

| 不良行为往往源于强烈的情绪

当高敏感儿童表现出不良行为时,往往是因为他们受到了过度刺激或者情绪失控。如果这时你还要惩罚他们,只会加剧他们受到的刺激或者本就激烈的情绪。这样一来,要以一种良好的方式共同解决问题就变得更加困难了。当孩子受到过度刺激时,无论是惩罚还是奖励都无法让他表现得正常,这时他需要的其实是你看见他情绪背后的真正需求。

| 奖励会降低内在动机

大量研究表明,奖励会减少做事的内在动机。换句话说,如果你因为做某件事情而得到奖励,那么之后你再去做这件事的兴趣就会比没有得到奖励时要少。此外,对孩子来说,得不到奖励显然和受到惩罚的感觉是一样的。

如果你的孩子持续地不愿意做你要求的事情，就提醒你是时候修复你们的关系了。所有孩子都有不想按父母的要求做事的时候。所有孩子也都会有想做一些让父母感到困扰的事情的时候。这是完全正常的。但从根本上说，所有孩子都希望与父母合作。他们希望满足父母的期待，他们最希望能让父母开心。如果情况不是如此，那就说明你和孩子之间的关系出了问题。要解决这个问题，不能靠惩罚和奖励，而是需要更多的联系和爱。

第 5 章

┃ 怎样应对高敏感
┃ 儿童的负面情绪?

在短短十分钟内,从热情如火到怒不可遏,或从欣喜若狂到悲痛欲绝,这在高敏感儿童的世界里根本算不上什么奇怪的事。愤怒、恐惧、快乐、失望、无力、悲伤、攻击性、不安全感、激动和烦躁,这些都是你的孩子可能经历的。高敏感儿童对任何事物的体验都非常强烈,因此他完全沉浸在自己的感受中也就不足为奇了。他必须学会体会、表达和抒发自己的感受。这将使他能够成长为一个平衡的成年人。作为父母,你对孩子的情绪和感受做出反应的方式将对他的情感发展产生重大的影响。你必须帮助他学会处理各种各样的感受。

真正的倾听

倾听是帮助孩子处理情绪最有力的方法之一。这听起来很简单，但实际操作起来往往相当困难。真正的倾听意味着你要清空你的大脑，全心全意地关注孩子要说的话。以下方法可以帮助你做到这一点。

| 将你的身体转向你的孩子

用你的整个身体表现出你对孩子要说的话真的感兴趣。面向他，或者用手臂抱住他。有些孩子非常喜欢靠着你坐，或者坐在你腿上讲述他们的故事。

| 保持联系

当孩子与你分享感受时，请一直看着他，不要因为周围发生的事情而分心。这可能相当困难，尤其是当房间里有好几个人的时候，但还是请你尽力将自己和这些事情暂时隔离一会儿。如果你很容易分心，就把手机放到一边；如果收音机或电视还开着，就把它们关掉。每当你移开视线，你就断开了与孩子之间的联系，这可能会让孩子感觉自己没有被聆听。

| 把自己的烦恼放在一边

尽量不要去想你那天在工作中的经历，或者今晚要做什么饭。把所有的注意力完全集中在你的孩子身上。反正你现在也无法为你满脑子的其他事情做些什么，所以考虑它们也没多大意义。

> 在一次研讨会中，我了解到倾听的重要性后，开始尝试。事实上，直到那时我才意识到自己之前其实很少做到这点。我经常忙于其他事情或者满脑子各种杂事，当拉维过来和我讲话时，我可能会应几声，但实际上我只听进去了一半。

| 使用放松的姿势

如果你的孩子因某件事情情绪激动，这可能也会给你带来压力。这或许会导致你下意识地做出紧张的姿态。高敏感儿童对此尤其敏感，这可能会使他们感到更加难过或者愤怒。检查一下自己是否无意中皱起眉头、紧咬牙关或握紧拳头。如果有这种情况，那就深呼吸几次，让你的身体放松下来。

> 诺亚生气的时候反应非常激烈，以至于我真的会感到浑身紧绷。最初我并没有意识到这一点。我确实非常努力地想好好听他说话，但有一天我感觉到我的下巴真的完全僵住了。现在，我会放松一下，提醒自己没有危险。不可思议的是，自那以后，诺亚发脾气的过程结束得更快了。

模仿孩子的身体姿势或面部表情

通过你的身体姿势和面部表情来表达你与孩子感同身受。略微模仿他愤怒或悲伤的样子来表达你对他的理解。注意不要露出怜悯的表情。他可能是悲伤或愤怒的，但绝不是可悲可怜的。怜悯只会让他更加情绪化和焦虑。

抛开先入为主的观点

我们通常会下意识地从自己的角度出发去倾听。你可能很快就对孩子所述的内容形成一个印象，或者对所发生的事情有了判断。这可能会妨碍倾听。一旦你感觉到对孩子所说的话有各种想法涌上心头，不妨深呼吸一下，将注意力重新集中在孩子所说的话上，不带任何评判地聆听他。

| 轻哼、点头或摇头

时不时地发出"嗯嗯"或"哦"的声音，点点头表示你理解了，或者在孩子说否定句的时候跟着摇摇头。这样可以持续向他发出信号，表明你真的在倾听。你还可以"鹦鹉学舌"，即时不时地重复他说的某个词或者某句话。

| 不要害怕沉默

如果孩子沉默了，那就保持沉默吧。你不需要用话语来打破沉默。事实上，这样做往往只会适得其反。沉默能给孩子思考的机会。当他向你分享感受时，如果你习惯说很多话，那么可以试着养成习惯，在回应之前先平静地深呼吸三次。

我有一种强烈的倾向，就是每当对话出现沉默时就很容易开始说话。我很想帮助普伦处理所有这些情绪，于是我开始告诉她可以如何解决问题。现在我已经学会了更多地保持沉默，就会发现普伦其实很清楚地知道自己需要什么。她只是得先倾诉一下自己的故事。

| 倾听不是为了回应，而是为了理解

你有没有过这样的经历：当你的孩子向你讲述某件事情的时候，你就已经在考虑该如何回答了？你绝对不是唯一一个。很多人在对方把话说完之前，就已经在脑子里想着该如何回应了。试着抑制这种倾向。如果你发现自己开始思考如何回答，请将注意力重新集中到你的孩子身上。当孩子把他的故事全部讲完后，你会自然而然地知道该说些什么。如果不知道，那也没关系。有的时候（或者说经常如此），沉默是金。

| 如果你无法倾听，就说出来

真正的倾听是很困难的。在某些时刻，你可能会因为大脑里装了太多事情而真的做不到专注地倾听。这时候就诚实地说出来："亲爱的，我真的很想听你说话，但我现在脑子里很乱，做不到好好听你说话。我现在会尽力把自己的头脑清空，然后再听你说，好不好？"如果有必要，你可以让他把困扰他的事情写下来或者画出来，这样他就不用等你了。

| 给孩子空间

有些孩子根本不怎么表达那些令他们困扰的情绪。他们可能就是有些生气或者突然感到悲伤了。在这种情况下，上述建议自然就没有太大用场了。事实上，如果你过于努力地去试图倾听，可能反而会让孩子更加难受。这些孩子需要的恰恰是一

些空间来整理自己的情绪。这时你作为父母需要做的就是陪伴在孩子身边,继续做你自己的事,表现出你是完全接受孩子现在的情绪的。这样,你的孩子就只需要关注他自己的情绪,而不必同时还要担心这些情绪可能对你造成的影响。

除了倾听,你还可以做其他很多事情来帮助他更好地理解自己的感受。

| 每晚花点时间回顾一天

在一天结束时,和你的孩子一起讨论他当天的经历,清晰明确地表达对他的感受的关注。"哇,你那时候一定觉得很兴奋吧。"或者:"哎呀,那件事发生的时候你是什么感觉?"这样他就有机会分享自己当天经历的所有感受,包括那些你不在场的时刻。一种非常安全的方式是一起躺在床上做这件事。这样你们就不必盯着对方看了,对一些孩子来说,这样谈论自己的感受会更容易些。此外,这也为你提供了机会,让你可以重温之前没有足够时间聆听的那些事情。

| 认真对待孩子的感受

孩子感受到了什么,就是感受到了什么。当他因为浅绿色的珠子用完而极度心烦意乱,无论在你眼中有多奇怪,这就是他的感受。当你反驳他("嘿,这也没什么关系吧,那就用深绿色的好了")时,他只会更想表达清楚这确实是个大问题。当你轻描淡写地对待他的感受，实际上只会把他进一步推向这种感受的深渊。你可以像这样回应："唉，真是太遗憾了。你肯定很喜欢那些浅绿色的。它们用完了真是太糟糕了。"这可以帮助你的孩子更好地理解自己的感受，而且往往能让孩子正确看待这种感受。如果你以这种方式回应，你的孩子很可能会说："哎呀，那我就用深绿色的吧。"

即使在匆忙之中，也给孩子的感受留出空间

当你的孩子有强烈的情绪时，要给他足够的时间表达。即使在你赶时间的时候，这一点也是很重要的。如果你正准备出门，而你的孩子突然对某件事感到非常伤心或生气，你可能会忍不住想要去转移他的注意力，或者这么说："是的，这确实很烦人，但我们现在没时间处理这件事。"试着在这种情况下也尽量关注他的感受。如果他习惯于被倾听，他根本不会需要太多的时间。如果他需要更多时间，那他可能真的有重要的事情需要表达。如果你在匆忙之中忽视了这些，他可能会再次压抑自己的悲伤，并在日后以更激烈的方式爆发出来。

> 我们马上要出门的时候，芙蕾雅突然哭了起来。她抽泣着说："我好想洛基（我们的仓鼠，三周前去世了）。"我的第一反应是："我理解，亲爱的。来，我们快走吧，不

然上学就要迟到了。"她无助地看着我。"哎，管它的，"
我想，"那就迟到一次吧。"然后我蹲下身，轻轻地抱住了
她。她哭得撕心裂肺。我想让我的孩子知道，即使在不
那么方便的时候，她也永远可以来找我，我认为这一点非
常重要。

家长接纳自己的负面情绪

经常说出你自己的感受，表达你的情绪。"我真的非常失
望，因为我的朋友取消了约会"，"我感到很沮丧，因为我没能
完成这件事"，或者"我好紧张啊，因为明天要演讲了"。教育
就是以身作则，在情绪方面也是如此。因此，这也意味着如果
你对孩子的某些行为感到非常生气，你需要用一种好的方式表
达出来。如果他经常看到你失去耐心、情绪失控，或听到你大
喊大叫，那他就会从你这里学会这些。如果他看到你总是压抑
自己所有的愤怒、悲伤或恐惧的情绪，那么他也会更难好好表
达自己的情绪。所以，在你实际上感到悲伤或愤怒的时候却假
装自己根本没事，其实并没有好处。下一章将更多地关注作为
家长的你。

| 当你压抑情绪或者转移注意力时，情绪并不会消失

大多数父母都非常希望看到自己的孩子快乐和幸福。有些父母是如此强烈地渴望这一点，以至于他们想把所有负面情绪都从孩子的生活中驱逐出去。他们出于好意，用心良苦地努力将孩子的注意力从任何负面事物上转移过去。"哎呀宝贝，你不必这么伤心。来，我们一起玩个游戏吧"或者"我们现在不要再生气了吧。我们该去做些什么有趣的事情呢？"这样做有时似乎很有效，但那些负面情绪其实并不会就此消失。它们都会积压在孩子的心里，最终会在另一个时刻爆发出来。

| 将情绪正常化

您的孩子会在生活中体验到很多情绪。这本身并不是什么坏事。如果他知道偶尔感到非常难过或者愤怒是完全正常的，他就不会因此感到惊慌。只有当他认为自己有这样的感觉很奇怪时，这些情绪才会变得令人恐惧。于是他可能会刻意避免或压抑不愉快的情绪。而这可能会有很多副作用，甚至导致成年后的各种不健康的行为，如情绪性进食、借酒浇愁等。

| 以理解而非辩护的方式回应

孩子们会有各种各样的情绪。其中许多情绪，无论是正面的还是负面的，都是由作为家长的你的某些行为引起的。当你的行为导致孩子产生负面情绪的时候，你可能忍不住想要为自

己辩护或者将过错推给孩子。但请尝试在这类情况下也尽量去理解他的感受。

> "是的，宝贝，我明白。你根本不想回家。你刚才玩得很开心。我们现在必须走了，你肯定很难过，对吧？"（而不是："我也没办法，我们现在就得走。我们必须按时回家，这样你才能去踢足球。"）或者："我今天不能去看你的芭蕾舞表演，你肯定很失望吧。你是那么想让我看看你的新舞步。"（而不是："亲爱的，我真的没办法。我今天实在是请不了假。"）还有"今天吃米饭，你真的很不高兴，是不是？你其实很期待吃到面条的。"（而不是："你想天天吃面条，这当然是不可能的，你自己也明白这点吧？"）

| 帮助孩子识别复杂的感受

你的孩子也会经常对某些事情产生复杂的感受。这可能会非常令人困惑。一方面，他可能因为生日收到了一个滑板而欣喜若狂，但另一方面，他可能又会为这个滑板的轮子是绿色而不是蓝色而感到失望。经常与他讨论这类事情。向他解释同时感受到两种不同的情绪一点也不奇怪。

| 避免将自己的情绪投射到孩子身上

如果你很难应对孩子的情绪，可能是因为你自己身上还有尚未解决的旧伤痛。我们许多人从小就被灌输了这样的观念：负面情绪是不好的，最好把它们压制下去或者忽略它们。如果你过去很少有空间来体会自己的感受，那么你可能会更容易被孩子的情绪影响。当你的孩子被情绪困扰时，你自己也会感受到情绪波动，这并不奇怪，这就是所谓的共情。但如果孩子感到悲伤或愤怒时，你也常常会情绪失控，那么你自身或许也有一些问题需要解决。你可以从真正接纳自己的感受开始。保持平静的呼吸，感受当下的情绪。你会发现情绪通常会自然而然地消退。通过这样做，你可以避免将自己的情绪投射到孩子身上，同时你也为孩子生动地示范了该如何接受情绪。

| 预防发脾气：帮助你的孩子识别信号

虽然许多发脾气的情况看起来似乎都是突然发生的，但它们通常都有一些先兆。在前面的章节中，你已经了解到你可以做些什么来预防情绪爆发，你当然也可以教会你的孩子更好地处理这些情况。你可以在察觉到孩子的情绪可能即将爆发时做这件事。你可以对孩子说，你看到他"水桶"里的水快要溢出来了，并问问他知不知道怎么防止这种情况发生。"哦哟，我看到你的'水桶'已经装得很满啦。你能做些什么来应对这个情况呢？"如果需要的话，你可以提出一些建议："或许你愿意安静地画一会儿画。"或者："现在来一个大大的拥抱会有帮助吗？"你也可以在孩子情绪爆发后和他讨论问题出在哪里。"好的，所以你非常生气是因为你的妹妹一直在抢你的娃娃。如果下次再发生类似的情况，你会怎么处理呢？"

给孩子释放的空间

有时，你的孩子会被自己的情绪淹没。此时，仅仅是认可情绪和用语言表达情绪已经远远不够了。在这种时刻，他实际上已经无法思考了；也就是说，他已经不能理性对话了。此时，他就需要释放情绪。每个孩子释放情绪的方式各不相同，但只要你给他释放的空间，对他来说就是一件好事。

| 哭泣

对许多孩子来说，哭泣是一种非常有效的宣泄方式。让孩子尽情地哭，哭多久都行。哭够了，他自然就会停下了。"尽管哭吧，亲爱的，没问题的。想哭多久就哭多久。"

> 本杰明有时会为了一些在我看来微不足道的事情哭起来。在这种时候，我通常会把他抱在腿上，让他哭个够。至今仍然令我觉得神奇的是，他有时甚至哭到一半就会突然停止哭泣，然后继续去玩耍。

| 咆哮

另一种释放情绪的方式是咆哮。如果你的孩子在大吼大叫，你可能会觉得很烦，但这实际上是一种非常健康的释放情绪的方式。你可以放心地允许孩子这样做。你可以要求他到走廊或他的房间里做这件事，避免你的耳膜受到损害。

| 运动

有些孩子不太喜欢哭泣或者咆哮。他们更需要运动。绕圈跑步、快速上下楼或用力跳跃等活动会帮助他们释放情绪。

| 绘画或写作

也有一些孩子会将自己强烈的情绪内化。例如，一个内向的高敏感儿童尽管内心充满了各种感受，也可能不会那么容易地哭出来或者发脾气。在这种情况下，绘画有时会是一种解决方案。此外，一些孩子还喜欢写日记。

| 游戏

游戏是孩子们解决情绪问题的一种很好的方式。如果他非常害怕牙医，那么可以用人偶玩角色扮演，或者你自己扮演一个（可怕但又有趣的）牙医。通过这种方式，孩子们可以以一种安全的方式重新体验他们的感受。

| 兔子呼吸法

有些孩子可能会被自己的情绪压得喘不过气来。他们甚至无法哭出来，因为他们正在急促地喘息。此时，他们首先必须恢复呼吸。处理这种情况的一个非常简单的方法就是模仿小兔子的呼吸方式：用鼻子连续快速地吸气三次，然后尽可能平静地呼气。在一个平静的时刻一起练习这个方法，并在必要时提醒他这么做，如果需要的话，你可以再次示范给他看。

| 不要被情绪的激烈程度吓到

许多高敏感儿童会以激烈的方式表达他们的情绪。他们的尖叫和咆哮有时似乎能穿透骨髓，他们会歇斯底里地哭泣。情绪可能非常强烈（也非常烦人），你可能会担心他永远无法学会以一种被社会接受的方式来表达自己的情绪。几乎所有的父母都表示，恰恰是当他们给孩子空间来释放情绪后，这种宣泄的强度会随着时间的推移而大大降低。

这通常会需要一些时间。你的孩子首先需要体验到这些情绪是会自然而然地消退的，再意识到自己有这些情绪也并不是什么坏事。尤其是，当你的孩子带着很强的情绪和你抗争时，你可能会表现得愤怒或者极度担忧，那么你可能需要一段时间才能开始体验到释放情绪的效果。所以一定要给它一些时间。

| 始终为你的孩子提供支持

高敏感儿童需要情感连接，尤其是当他们完全被情绪淹没时。请让他知道你一直在他身边。一些孩子在哭泣或者生气时喜欢被抱在怀里，他们可能会主动寻求亲近，但也有些孩子需要你主动去拥抱他们。甚至还有些孩子虽然其实很想被拥抱，但当你试图拥抱他们时，他们一开始却会表现出抗拒。你需要自己探索什么样的方式最适合你的孩子。我们应该意识到，发脾气或歇斯底里的哭泣对孩子来说是非常可怕的感受。因此，不要让他独自一人去承受这些痛苦的情绪。另一方面，你最好意识到，如果他有机会在你的陪伴下表达这些强烈的情绪，这些情绪的杀伤力会大大降低。

　　从玛雅很小的时候开始，只要她一生气就会躺在地上。那种众所周知的"在超市里尖叫的孩子"的说法很适合用来形容她，这些年来一直都是这样。现在，她生气的次数越来越少了，但只要她一发脾气，整个房子都装不下她的怒火。最近的一次，她的情绪非常激动，我用力但充满爱意地抱住了她。我平静地说道："没事的，我在这儿呢。"她一开始挣扎得很厉害，但随后我感觉到她的肌肉放松了，然后她开始放声大哭，这是我认识她以来的第一次。

| 给足空间让孩子释放情绪

　　有些孩子在发脾气的时候实际上并不需要任何身体接触，也不需要你待在附近。他们真正需要的是有足够的空间把情绪释放出来。因此，请给予他们这样的空间。如果有必要，你可以这样说："如果你需要我，我就在这里。你是安全的。"如果你的孩子大喊："走开！"或者他自己跑开了，有时最好什么也不要说，只等着这一切过去就好。

| 不要问为什么

　　如果你的孩子正处在发脾气或哭闹的过程中，不要问他为什么会这样。高敏感儿童本来就会有许多情绪。有时会有明显的原因，但有时可能根本没有。或许他只是累了或者受到了过度的刺激，或者他已经积累了太多压力。当他哭完或发完脾气后，你可以看着他，然后这样问他："你还想再谈谈这件事吗，还是说你已经释怀了？"如果他不想再谈论这件事了，那就抱抱他，然后让它过去。

| 冷静下来是优先事项，其他都是后话

当你的孩子正处在发脾气或哭闹的过程中时，你优先的任务就是帮助他恢复平静。这绝对不是教他些什么或者表达你自己需求的合适时机。暂时把你自己和你的意见放在一边。他这样并不是为了给你添堵，也不是因为他不知道怎么表现才是好的，只是他现在确实做不到而已。当一个人做不到某件事时，他需要的是帮助，而不是说教。

| 如有必要，让孩子远离导致他发脾气的环境

部分发脾气的情况是由过度刺激引起的。如果你的孩子仍然处于导致过度刺激的环境中，请尽快带他远离那里。在商店里找一个安静的角落，去游乐园的洗手间；如果你正在某处做客，可以把他带到走廊里。然后，在带他回到原来的环境之前，确保他可以放松下来，否则你很可能刚回去就得从头再来一遍。

不要助长孩子利用情绪来达到自己的目的

孩子们并不会使用情绪来操控别人或者达到自己的目的。然而，如果你在孩子哭闹或发脾气时经常屈服于他的要求，那么就可能形成一种固定的模式。他可能会开始利用发脾气来达到自己的目的。在孩子发脾气时不要改变你的立场。首先帮助你的孩子释放情绪，然后讨论他的感受，当他完全平静下来后再谈论相关事宜。如果你的孩子经常因为感觉得不到自己想要的而焦躁烦乱，请再次阅读前面的章节（尤其是关于掌控感、他人的要求和合作的部分），看看是否有什么改进的空间。

在一个平静的时刻和孩子一起讨论如何释放情绪

为你的孩子提供释放情绪的空间是非常重要的，但他在这个过程中不应该破坏东西或伤害其他人。如果你的孩子确实有这种倾向，那么选一个平静的时刻，与他一起讨论他可以通过哪些方式表达自己。问问他认为什么样的方式对他来说是好的。绕圈跑会有帮助吗? 他会想要用力踩脚吗? 或者在走廊里尽情大喊大叫呢? 下次当他非常生气的时候，可以提醒他使用这些方法。"来，快，跳起来，记得吗? 用最大的力气! "或者:"来这里，我已经把门打开了。在走廊里尽情地吼叫吧。"

帮助孩子释放情绪

一些孩子在释放情绪方面会遇到困难。他们觉得难以哭出来，或者习惯于压抑自己的愤怒，以至于不知道该如何发泄。此外，你的孩子可能在某些重大创伤性事件后产生了非常激烈的情绪，却把这些情绪深深埋藏在了心底。还有许多（但不是所有）高敏感儿童会在家以外的地方表现出符合社会期待的行为。当他们身处不太鼓励情感表达的地方（例如学校或幼儿园）时，他们便会压抑自己的感受和情绪。当然，所有这些感受依然存在，并且可能会在不同的时间或以不同的方式表现出来。于是，可能会发生这样的情况：你的孩子因为他最喜欢的睡衣还在洗衣机里而完全情绪失控，或者总是挑起争端，和他的兄弟姐妹争吵不休。你可以等到"压垮骆驼的最后一根稻草"到来的时刻再干预，但你无法知道这个时刻会在何时到来。因此，在适当的时候帮助孩子释放自己的情绪是更好的选择。

> 妮恩可有时就像一颗定时炸弹。她从学校回来时脸色阴沉，处处都不对劲。我敢肯定她会在当天下午的某个时刻爆炸。有时我真的是小心翼翼、如履薄冰，但最终还是会出现问题。

| 识别需求

孩子们有时会下意识地挑起冲突或者挑战界限，这是因为他们需要释放情绪。当怎么都不行的时候，你就可以识别出这一点。例如，你的孩子对某件事发牢骚或者抱怨，你解决了问题，但随后他又觉得这样也不行，那就别再尝试了，顺其自然吧。如有必要，你可以问问他："我想你是在为其他什么事情生气吧？"或者："你是不是觉得特别难过，却又不知道原因是什么？"这些话可能正是让他好好哭出来所需要的那一点推动力。

> 　　她气冲冲地走下楼梯。她找不到她的黄裙子了。我说道："哦，它就在这儿，亲爱的。"她随后厉声说道："那条红色的腰带在哪里？""就在那下面。"有那么一瞬间，

事情似乎就此结束了，但当她又开始抱怨一双袜子时，我清楚地意识到这根本不是问题的重点。"我觉得你对我有点不友好，"于是我这样说道，"我想我应该没有做错什么，所以告诉我，到底是怎么了？"她开始放声哭泣，说："我也不知道。我就是感觉很难受。"经过五分钟的哭泣和拥抱后，她又恢复了平日的快乐。

当你的孩子一直有意识地表现出那些他非常清楚会令你感到困扰的行为，或者当他总是无缘无故地欺负他的兄弟姐妹时，这也可能意味着他需要释放情绪。

| 笑

我们应该多创造机会让孩子笑，而且不仅仅是为了一个有趣的笑话轻轻地笑，而是从头到脚趾放声大笑。在开怀大笑的过程中很多负面情绪就被释放掉。跳一段疯狂的舞蹈，做一些滑稽的空手道动作，或者做一些其他能让他彻底大笑起来的事情。最好不要挠痒痒。虽然这看起来可以达到同样的效果，但被挠痒时，你通常会不由自主地把许多肌肉绷紧，从而使释放压力变得更加困难。而且这时你的孩子对自己的反应是没有控制权的。偶尔短暂地挠他痒痒，或者假装你要挠他（或者抓住他）还是可以的。但在你再次"发起进攻"前，一定要仔细观察他的反应。

在这里，尊重孩子的界限仍然是很重要的。

> 我们和其他人一起去度假了，莉芙整个假期都非常紧绷，做什么都小心翼翼的。从法国回来的一路上，我都能感觉到她非常紧张。她变得暴躁易怒，为了一点小事就哭，完全无法容忍她弟弟的任何行为。当我们回到家后，我们先跳了一个小时的"屁股摇摆舞"。我从未见过她笑得如此开心。在这之后，她又恢复了正常。

| 应对年幼孩子的发脾气与哭闹

年幼的高敏感孩子有时候会非常剧烈地发脾气，家长会被孩子情绪的激烈程度或持续时间吓到。尽管如此，如果你能保持冷静并相信孩子的情绪最终会自然而然地平息下来，你就给了孩子最好的帮助，就在为孩子提供他所迫切需要的平静和安全感。我们只需要和孩子一起坐在地板上，确保他不会伤害自己或破坏东西，同时尽量给他足够的空间去尽情咆哮和喊叫。

你通常看到的情况是，如果你自己保持冷静，不添加任何额外的刺激，孩子的愤怒会自然而然地转化为悲伤。起初，你的孩子可能会四处挥打、尖叫或以其他方式猛烈发泄。过一会儿，他会开始放声大哭，有时还会试图寻求更多的亲密接触。在哭了一段时间之后，许多孩子会沉默一会儿，然后再次开始大哭。这一轮的哭闹往往比前一次的持续时间要短一些，之后又会跟着一段新的沉默，而这种沉默又比前一次的沉默持续时间更长一些。诀窍就是在这种沉默中静静地看着你的孩子，可以轻轻地把手放在他的背上，或者充满爱意地抱住他，和他一起叹气，但除此之外不要说太多话。如果孩子现在有机会把所有情绪都发泄出来，这对他而言有治愈的作用。而如果你在这些沉默的时刻讲太多话，就可能会打扰到这个过程。这样一个完整的过程可能会持续相当长的时间，但你的孩子实际上正在这段时间里清理大量过去积累的沮丧、恐惧和悲伤，因此，如果你能尽可能地创造空间给他，这种投入将是非常值得的。

| 接纳所有情绪

因此，重点不是教你的孩子不再生气，而是教他如何生气。同样地，你不是在教孩子压抑恐惧，而是教他如何面对恐惧；你也不是在教孩子放下悲伤，而是教他倾听内心的悲伤，并给悲伤一个位置。这也许是关于情绪最重要的事情：接受你的孩子会经历愉快的情绪，也会经历令人困扰的情绪；让他感受到，无论他是生气、悲伤还是害怕，你都同样爱他，这是你能为他做的最美好的事情。

享受做高敏感儿童的父母

作为家长，你对孩子的成长有着重大的影响，但如果你的孩子是高敏感儿童，这一点会尤其显著。由于你的孩子对周围环境中发生的一切更为敏感，周围的环境对他的影响也会更大。如果你时不时地丧失耐心，经常因为孩子的某种行为发火，或者因为工作压力大而更加紧张，这些对于任何孩子来说都不是什么好事，但它们对高敏感儿童产生的影响可能会更大。与抚养其他孩子相比，你将需要更多的耐心、理解、共情能力和灵活性来教育这样的孩子。即使你已经做得足够好了，你仍然会遇到困难。

> 有时我确实会感到气馁。我们做了这么多努力，但情况依然艰难。我看到了一些朋友如何对待他们的孩子，那些方法在我们家却行不通。我有时会觉得，我们投入了三倍的努力，而他们和自己的孩子相处时却比我们要容易得多。

高敏感儿童非常敏锐，他们能够察觉到所有被你隐藏起来的情绪。所以，作为家长保持真诚很重要。例如，如果你内心认为父母必须掌控一切，那么即使你再努力尝试与孩子合作，他也无法好好配合你。再比如，当你的孩子发脾气时，如果你内心怒火中烧，即便你试图保持冷静，也瞒不过你的孩子。因此，仅仅学会一些技巧或者诀窍是不够的。许多高敏感儿童的父母表示，这些年来，他们自己的态度和信念都发生了很大的变化。你能给予高敏感儿童最重要的东西，就是你自己。所以，保持良好的状态并陪伴在孩子身边，就是应对他们发脾气、哭闹和叛逆行为的最佳良药。本章讨论的是身为家长的你，能做些什么来消除疑虑，该如何应对来自周围环境的误解，如何让自己保持冷静，以及如何确保自己能够享受与孩子相处的时光。

如何消除养育过程中的疑虑?

身为家长，面对高敏感儿童时，你可能会感到非常困惑不安。当然，每个家长都会时不时地产生一些疑虑，但由于高敏感儿童的行为与一般情况不同，家长的疑虑通常也会更大。因此，如果你时不时怀疑自己的做法是否正确，甚至有时担心你的孩子是否正常，这一点也不奇怪。

| 思考一下，从长远来看你希望向孩子传递什么

花点时间思考一下什么才是你认为真正重要的东西。你所遵循的价值观是什么样的? 你希望将来能把什么传递给你的孩子? 当你的孩子将来独立生活时，你希望他如何看待自己，如何看待这个世界、他的童年和你呢? 你越能考虑清楚这些问题，你就越不会为现在发生的各种小事而担忧。

> 每当我们又陷入那种为各种事情争执的消极状态时，我和妻子会一起思考我们真正想要向儿子传递什么，这很有帮助。我们希望他对自己有信心，能够体谅他人的感受，能够坚持自己的立场，同时也能为他人着想。他是一个可爱又善于交际的小家伙，这些方面他往往已经做得很好了。这样一想，他的"不听话"也变得更容易接受了。

| 与其他高敏感儿童的父母交谈

与其他高敏感儿童的父母交谈会是一件愉快的事情。大家通常会产生强烈的共鸣，往往只需要只言片语就能互相理解。你会发现很多孩子都会在最基本的事情上遇到重重困难，还有很多父母会因为孩子感到不知所措，而没有什么比找到"同类人"更能让人释然的了。当你受挫了找一找其他高敏感儿童的父母，相互交流一下养育高敏感儿童的困难之处吧（当然还有有趣之处）。

| 观察你的孩子，记住他们表现好的时刻

高敏感儿童在状态良好的时候通常会表现得很好。只不过要达到这种状态需要付出很多努力，他们不是每次都能做得很好，我们也容易因此而沮丧。所以，尽可能多地收集关于那些美好时刻的记忆。拍摄视频，把难忘的事情记录下来，并定期与他人分享这些记忆。这样，你就会更多地关注孩子的优点，在困难的时刻也会更加容易释怀。

> 有时我真的有点担心乔希姆。他将来能在社会上立足吗？一点小事就能让他的情绪失控。但他也有许多表现出色的时刻。当环境合适的时候，他就是一个非常快乐、热情、意志坚强的小家伙。我总是努力把这些牢记在心。

| 大胆地做一次"田野调查"

当你周围没有其他高敏感儿童的时候，你可能会觉得你的孩子是唯一一个因为你不给他买蓝精灵棒棒糖而在商店里大发雷霆的孩子。那么当孩子不在时，你可以去一趟热闹的购物中心、儿童游乐区或其他充满刺激源的地方。最好在下午五点左右去，然后等待和观察一段时间。你大概率会发现，这样的地方还有很多情绪完全失控的孩子，这可能会让你感到轻松不少。

| 不要把你的家庭与其他家庭进行比较

在一个没有高敏感儿童的家庭里，一切都会变得容易很多。家长不需要花太多心思考虑怎样有策略地与孩子相处，不需要考虑过度刺激的或突发的事件，也不需要一直应对各种强烈的情绪。如果你总是把自己与这样的家庭相比较，你可能会感到相当沮丧。因此，不要光盯着其他家庭更加顺利的地方，而要多关注你家的进步。今天比起昨天、上周或去年有哪些做得更好的地方？

> 今年我们去法国度假。还是我们去年去过的那个露营地。一切都很顺利。布里特非常喜欢那里，这次她比去年更快地适应了新的节奏。不过，每天晚上总要有一个人花至少一个小时来帮助她放松，然后她才能入睡。我们旁

边有一个家庭，他们在五分钟内就能把三个孩子都哄睡了。这让我感到相当沮丧。每晚看到我们要花这么长时间，我就变得越来越烦躁，这自然也让布里特更加不安。事情陷入了恶性循环，直到我丈夫说："人嘛，总是这山望着那山高。可你把这个假期和去年比一比，今年的情况不是好多了吗？"这倒是真的。去年那会儿，睡觉简直是一场大灾难。这让我看开了不少。

与伴侣和其他人交流时，尤其要说孩子特质的优点

如果你总是用消极的眼光看待孩子的特质，你可能会感到相当沮丧。在第 1 章中，你已经了解到如何将这些特质用积极的方式来描述，但是这一点在有些时候确实很难做到。不过你越是频繁地积极评价孩子的特质，这种积极的视角就会愈发牢固地固定在你的脑海中。在谈论你的孩子时，永远不要说他固执、暴躁、过度敏感或多动，而是使用坚毅、充满热情、富有同理心或者活泼等词汇。这样不仅会让其他人对你的孩子留下正面的印象，也会帮助你以积极的眼光看待他。

| 每天晚上，把你当天做得好的地方写下来

养育高敏感儿童是一项挑战性极强的任务。它对父母提出了很高的要求，所以如果你有时候处理事情不那么得当，这也在情理之中。一些父母会在一天结束时为了那些做得不够好的地方感到特别难过。如果你也是这样，你就对自己太不公平了。试着每晚把你当天做得好的地方写下来。当你再次心生疑虑时，就来看看这个列表。我们常常认为自己从所犯的错误中学到的东西最多，但实际上，通过仔细思考你在那些顺利的时刻做了什么事情，你会更加了解哪些办法可以在你的家庭中奏效，而且这也会让你感觉好得多。

有时我真觉得自己是个很糟糕的父亲，因为我又发火了，或者说了一些我下定决心永远不再说的话。直到有一次，一个朋友对我说，他非常敬佩我对孩子们的耐心。"你应该看看我这周的表现，"我说，"我一点耐心都没有了。"然后他便给我举了几个我把事情处理得很好的例子。"要是换成其他父亲，大多数人肯定气得不行。"他又补充道。这让我意识到，实际上我已经在很多事情上都做得很好了。

如何应对来自周围环境的误解？

当然，也可能出现这样的情况：你本身并没有产生疑虑，但你会受到其他人的影响。作为高敏感儿童的父母，你可能会遇到很多误解，比如关于你孩子某些时候的行为方式以及你针对这些行为的处理办法。你的孩子在某些方面与他人不同，其实这一点问题都没有，但在当今社会，如果我们偏离了大众对"标准"父母形象的预期，就很容易不被理解。

| 习惯各种不同反馈的存在

许多高敏感儿童的父母表示，他们的教育方式经常会收到负面的反馈。比如：

- "如果你多给他立一些规矩，他自然就会更听你的话了。"
- "你应该让他在我们家待一周，之后他肯定能表现得很好。"
- "你应该用一用计时隔离的方法。这在我们家很有效。"
- "你总是这么理解他，这样他就永远学不到有些事情是不被允许的了。"
- "我真不明白你为什么让他哭这么久。我总是跟孩子说，站起来，继续前进。你看，我的孩子现在再也不会为了这样的小事哭了。"
- "你不应该是家里的老大吗？你总不能让孩子来决定一切吧？否则他以后会骑到你头上去的。"

- "你不觉得自己整天解释很累吗？"
- "你总是这么溺爱孩子。他应该学会适应。"

| 如果你觉得别人的批评不合理，那就不要在意它

养育普通孩子和养育高敏感儿童之间有着很大的区别。可能很多家长可以轻松地说："哎呀，你只需要对他更严格一点，他自然就会照办了。"或者："你并不需要总是和他协商，直接简单处理就行了。"这是因为他们根本不知道和高敏感儿童一起生活是一种什么样的体验。他们并没有恶意，可我们也需要相信自己作为高敏感儿童家长的直觉，并真正去理解自己的孩子。事实上，从他们的角度来看，他们所说的也许都是事实。

| 你不必为自己和自己的孩子辩解

向别人解释你的孩子是怎么回事，这样做是没有意义的。他们无法想象有时让孩子穿上袜子会是一个多么大的挑战。他们也无法想象你们真的不能在过夜活动的第二天再去参加一个生日聚会。也许此时你会有解释的冲动，想要向他们说明你的孩子的特性，或者告诉他们为什么你做事的方式与他们如此不同。如果对方愿意秉持开放的态度听你诉说，那当然是非常好的。但如果你发现对方并不理解，那么你最好还是把精力花在其他事情上。你不必为自己抚养孩子的方式辩护。

我们和我嫂子一家在一个室内游乐场玩。就我个人而言，我会尽量避免去这种场合，因为米卡不太能适应，但我也不想总是缺席家庭聚会。我知道带米卡同去对他来说是一种很高的要求，所以当他想在第一个小时里一直坐在我腿上时，我就按他的心意照办了。我嫂子跟我说了五次让我把他从我的腿上放下来。有一次她说："他必须适应一下。就把他放到那个滑梯上，这招对拉斐尔总是很有效。"以前我会为自己辩解，试图告诉她我为什么要这样做。现在我只是友好地看着她，说道："这招能对拉斐尔有效，真是太好了。"然后我便换了个话题。

| 不要无谓地怀疑自己

如果你知道什么对你的孩子有效，那就相信自己。当然，愿意听取他人的意见完全没有问题，毕竟你可以从中学习，但你才是最了解自己孩子的人。如果由其他父母来养育你的孩子，他的做法或许会大不一样，谁知道呢，说不定他的方法还真能管用。但说到底，并不是其他人在抚养你的孩子，而是你在做这件事。你是孩子的家长，你往往最了解他需要什么。如果你真的对某些事情感到疑惑，你可以向那些知道如何抚养高敏感儿童的人们寻求更专业的建议。

| 看看到底是什么影响了你判断

如果你发现别人的某些批评或不请自来的建议总是会影响到你，那么你可能有必要停下来认真思考一下。别人说的话或者做的事之所以能影响你，是不是因为你自己在相应的问题上确实有一些困扰。比如，你可能仍然对某些事情不太笃定，那你就需要正视这些问题并好好做一个梳理，这样反而能帮助你以后更加自信地面对这些问题。

我的婆婆经常对我说，我对女儿太纵容了。有一次我和丈夫谈起这件事，他耸耸肩说："你不用理会她的话嘛。随她说去，我就是这么办的。"理智上我知道他是对的，如果我只是礼貌地"嗯嗯"几声，然后转移话题，那我就不会受到什么困扰。但我还是会感到很烦躁，然后忍不住开始为自己辩护。有一次，我和自己的母亲讨论这件事，她问我到底是什么触动到了我。然后我脱口而出："有时我会害怕她说的是对的。"随后，我和妈妈以及丈夫详细讨论了我的不安，最终我意识到，我们这样对待女儿的方式确实是我们真正想要的。现在，婆婆说的话对我的影响小多了。有趣的是，自那以后她发表评论的次数也少了很多。

| 互相理解

许多人在给你建议时都是出于善意，尤其是家人和朋友，他们往往只是想要帮助你。毕竟，他们也希望你和你的孩子一切都好。只是有时他们对如何处理某些事情有着截然不同的看法。当你让对方明白他的建议对你而言并没有用时，指出他言语背后的善意可能会更好。有时候那些同样在照顾你孩子的人，也会因为不安而说一些让你感到不舒服的话，但他们并非有意为之，所以互相理解很重要。

> 每当我去我的父母家里接洛丝时，她总是表现得很烦人。她一点都不听话，非常叛逆。我的父母总是说："她整个下午都很乖，真的，直到你来之前什么问题都没有。"起初，这些话让我以为在暗示是我把孩子教坏了。但后来我意识到，他们可能担心，我会误解洛丝在我接她时的叛逆行为是他们造成的，所以他们才会辩解，想让我明白这并不是他们的原因。

| 客观看待针对你孩子的反应

有时候，人们可能会出于误解对你的孩子做出反应。他们可能会当着你孩子的面对他或者对你发表一些欠妥的言论。"你不需要这么生气呀。""你总是这么胆小吗？""别再哭了，没那么严重吧? ""哎呀，他总是这么闹腾吗? "这个时候，我们有自己的判断是重要的。

| 不要急于干预

你的孩子必须学会如何与周围的人相处，即使他们说的话有时并不那么好听。如果你总是为他出头或代他发言，你就剥夺了他自己解决这些问题的机会。如果你发现他因此感到烦恼，就多给他一些拥抱或对他眨眨眼。当你们回到家后，可以和他讨论这些事情。"我看到姨妈对你说让你不要那么矫情。你当时是什么感觉呢? "如果他觉得很不舒服，你可以和他一起想想下次该如何回应。为类似的情况准备几句标准的回答。通过这种方式，你可以教会他如何以正确的方式为自己辩护。

| 尽量以积极的方式干预

如果他人说的话实在令你感到不快，以至于你确实想要说些什么，那么一定要尽可能以积极和充满尊重的方式表达。

> 我的父亲经常说一些关于巴斯的坏话，以至于我感觉自己真的有必要说点什么了。事实上，巴斯在我父母家里的表现总是最糟糕的，我认为这正是因为他受到了太多负面评价的影响。现在，遇到这种情况我会做一些回应。当

然我还是会尽量使用尊重的方式，因为我希望他和爷爷能保持良好的关系。我会这样说："爸爸，你说巴斯顽固的时候，他真的会很伤心的。你是他的爷爷，巴斯非常希望得到你的喜爱。"

| 当别人纠正你的孩子时礼貌回应

也有可能发生这样的情况：别人纠正你孩子的某些行为，而这些行为对你来说其实是可接受的。如果这种情况偶尔发生，这当然不是什么大问题，但如果经常发生，就可能会导致你的孩子变得叛逆或开始对抗。这时你可以平静地问问对方干预的原因是什么。"我看到你告诉丽兹不要玩那些小石子。这是什么原因呢？"如果对方的解释是可以理解的，你们或许可以一起找到解决的办法。比如，对方担心她把石头扔出去而打碎什么东西，或者担心孩子会把小石子吞进肚子里。通过这样的交流，你可以表明你愿意考虑别人的感受，并期待你的孩子也能这样做，但你并不希望他盲目地按照别人的意愿行事，你也有自己的考虑。

我们在一家礼品店里。当我挑选礼物时，梅林就在周围到处看。他也会时不时把东西举起来，就像我想近距离观察某个物品时所做的那样。梅林非常小心，从来没有弄坏过任何东西，所以我也就随他去了。当店主看到这一幕时，她亲自过来纠正梅林了。她说话的语气很尖刻，我的第一反应是赶紧离开然后去别的地方买礼物，但随后我想到这也是个机会，可以让梅林看到我们是完全可以为自己争取权益的。我问道："您是担心他会把东西弄坏吗？""是的，"她说，"他们应该用眼睛看，而不是动手。""但我也会把东西拿起来呀，"我说，"这也是不允许的吗？""可以呀，"她说，"但您又不会把东西弄坏。""我确实不会，"我说，"但我的儿子也从来没把任何东西弄坏过。"她看起来仍然不太高兴，但随后便由着他继续自由行动了。而我很高兴那次他确实没有弄坏任何东西。

| 在孩子不在场的情况下平静地讨论育儿的分歧

有时候，其他人可能会经常干涉孩子的行为，这种情况尤其会在家庭中发生。这有时是件好事，就像"养育一个孩子需要整个村庄的力量"所说的那样。但如果你的家人或朋友以一种让你和孩子感到不适的方式介入你对孩子的教育，那么讨论一下这个问题可能会有帮助。找一个机会单独去拜访一次，并讨论一下令你担忧的事情。尽可能尊重地说明你所看到的情况，以及这种情况对你和孩子产生的影响。也请对方说明他们的看法，并用你倾听孩子的方式倾听对方的意见（参见第 5 章）。然后看看你们是否能一起想出一个解决方案。如果你不这样做，当你们前去拜访时，你的孩子会感觉到你的紧张，而这种紧张情绪会给他带来负担，甚至比其他人带给他的负担还要多。

｜　指出孩子行为的积极方面

诸如"哎呀，你总是这么顽固吗？"或者"你不要这么胆小"之类的评论，是在强调孩子某个特质的消极方面。如果你对这些评论做出"不是的，他并不总是这么顽固"或者"她并不胆小"这样的回应，其实并不能真正帮到孩子。因为孩子也能感觉到，这样的回应在当时的情境下没有说服力。更有效的办法是，转向你的孩子，并指出同一特质的积极方面。"你确实总是很清楚自己想要什么，对吗？"（面带灿烂的微笑）或者："你只是想先确定某个地方是安全的。我认为这非常明智。"让你的孩子看到，他的行为也可以有另一种积极的解读方式。

｜　成为你孩子的支持者

请记住，你的孩子至少需要一个人无条件地支持他，永远完全接受他，并且总是看到他最好的一面。这个人在他犯错时依然相信他，不断给他新的机会。孩子对自己的看法，是通过

197

别人对他的看法来形成的。当别人对他持负面看法时，你的任务就是让他看到自己积极的一面。

如何让自己保持冷静？

对高敏感儿童发火只会适得其反。他只会因此受到更多刺激，使情况进一步恶化。他需要的是充满爱意的父母，在必要时能够自然而然地引导他，平静地设定界限，并在孩子完全被情绪冲昏头脑时成为他平和的灯塔。但是，当然，你也是普通人。有时你会遇到不顺心的事，睡不好觉，或者工作压力大。当孩子在超市吵翻天的时候，保持冷静并不是我们大多数人能轻易做到的事情。表面上保持冷静，内心却怒火中烧，这也是行不通的。首先，这对健康非常不利，因为所有的愤怒都会积攒起来，越积越多；其次，对于高敏感儿童来说，这样做根本起不到效果。由于他很敏锐，他能准确地察觉到你的表里不一。如果你总是能够保持冷静，那么你可以跳过这一章（或者读一读它，并为自己不需要这章内容而感到庆幸）。但是，如果你经常对孩子发脾气，时常说些让自己后悔的话，或者有时会对他大吼大叫，那么请意识到这些都是可以改变的，而且你可以学会如何做到这一点。

　　普里西拉似乎是我情绪的晴雨表。当我感觉良好的时候，她也会表现得很好。但如果我因为工作上的事情感到压力大，她也会变得焦躁不安。她会做出一些令人困扰的行为，而我又因为压力大而缺乏耐心，往往不能冷静地应对这些行为。于是我们很快就会陷入一种恶性循环。

避免变得愤怒、烦躁或紧张

　　首先，避免生气很重要。虽然表面看起来可能是孩子惹你生气了，但我们都知道，如果我们自己状态良好，我们就能更好地应对孩子的行为。同样的一种行为可能会在糟糕的一天里让你抓狂，但在你心情好的一天里却可能完全不会困扰到你。因此，确保自己状态良好并尽量减少压力是非常重要的。

| 一次只做一件事，而且要全神贯注

要同时兼顾孩子、工作和朋友，你的生活可能会相当忙碌。你可能会倾向于同时做多件事，但这正是导致焦虑的原因之一。尽量一次只做一件事，然后把所有的注意力都集中在这件事上。如果你正在工作，就不要同时思考今晚要做什么吃的；如果你正在和孩子玩游戏，就不要查看你的手机。

| 慢慢来

压力的另一个诱因是匆忙。因此，要确保自己有充足的时间。提早半小时起床，或者提前一晚把餐备好。如果在工作日结束时只需加热一下就能吃上晚饭，可以为晚上需要做的事情留出更多的时间。这样可以避免产生匆忙的感觉，而你投入的时间最终也会被赚回来——因为你越放松，孩子们就越容易配合。

> 我自己也是高敏感人群，所以家里有时会充满激烈的情绪。我很容易感到急迫，所以每次我们赶时间的时候，我都会感到很紧张。而实际上我们经常很匆忙。早上匆匆

忙忙出门，匆匆忙忙准备晚餐，匆匆忙忙哄孩子睡觉，因
为在这些事之后还有别的事情等待完成。我们的生活被
安排得满满当当，以至于几乎不能容忍任何延误的出现。
后来，我和丈夫开始一起研究，如何确保我们有更多的
时间来应对棘手的情况。现在我们提前十五分钟起床，
提前一天做饭，并把晚上的活动推迟半个小时。这让我们
所有人都觉得更从容了。

随遇而安

当你身处某地，而实际上却希望自己身在别处时，压力也会
随之产生。我们都有过这样的时刻：孩子正需要我们，而我们
那时却宁愿去回复电子邮件或坐在沙发上喝杯红酒，于是便感
到懊恼起来。这时我们很容易产生一些消极的想法，例如"他为
什么就是不睡觉呢？这样我的工作永远也完成不了了"或"我从
来就没有属于自己的时间"。当然，你完全有权利这样想，但这
只会让情况雪上加霜。试着放下你原本想做的其他事情，尽量享
受当下的时刻。

照顾好自己

作为高敏感儿童的父母，照顾好自己不是一种奢侈，而是

一件绝对必要的事情。特别是很多母亲往往会把自己的需求的优先级排在最后。但如果你自己状态不好，你的孩子也会受到影响。在坐飞机的时候，他们会告诉你遇到紧急情况要先给自己戴上氧气面罩，这不是没有道理的。同样的原则也适用于这里。保证充足的睡眠、健康的饮食，做让自己感到快乐和放松的事情。

| 做运动

当你运动时，你的身体会产生内啡肽，这种物质会让你感觉更好。因此，多做运动会有帮助。如果你喜欢运动，请确保你有足够的时间来做运动。如果你讨厌运动，那么和孩子一起嬉戏玩耍或者在蹦床上尽情跳跃也能产生同样的效果。如果这些都不适合你，吃巧克力也能促进内啡肽的分泌，你也可以尝试一下。

| 呼吸

每天至少深呼吸三次。静立两分钟，缓慢地吸气和呼气。此时要仔细体会你的感受以及你当下需要什么。或许你正迫切需要在沙发上坐十分钟，看看杂志，喝杯茶；或许你想要好好运动一下，或者听一首喜欢的歌。那么就给自己几分钟的时间来做这些事吧。

| 打破负面的模式

如果你家里有高敏感儿童，那你很可能会遇到这样的情况：在某些时刻，总是反复出问题；或者在某些情况下，你每次都会生气。对有些家庭来说，这些时刻可能发生在早高峰时段，而对另一些家庭来说则是在晚餐时间。也就是说，这些是你事先就知道会出差错的事情。如果你知道每天早上都会出问题，那就看看你自己是否能在下一个早晨做一些不同的事情。如果你一直按老方法行事，你的孩子们也会一直按老方法行事。如果你想打破这种局面，就必须先迈出第一步。

> 每天晚上吃晚饭的时候，我家都会发生一场争斗。我一度对晚餐时间感到恐惧。孩子们最多只能坐五分钟，几乎什么都不吃，还不断对每样东西评头论足，这快把我搞疯了。第二天，我和他们一起在客厅里"野餐"。"来吧，孩子们，我们要让一起吃饭重新变得有趣起来。"这次晚餐的气氛非常愉快，我们约定以后每周都这样做一次。

| 瑜伽或正念

瑜伽或正念是一种很好的方法，可以帮助你恢复内心的平静。如今几乎到处都有课程可以参加，在网上也可以找到很多好的教程。

203

当你感觉自己开始生气或烦躁，要及时调整

当然，避免生气或烦躁并不总是那么容易就能做到的，尤其是当你自己也很情绪化的时候。有些时候，你确实会感到有压力或者恼火。即使在这种情况下，你仍有可能扭转这一局面。有很多方法可以帮助你在这样的时刻解决问题，而不是站在那里大喊大叫。

| 在爆发前采取行动

如果你发现自己开始因为孩子的某种行为而感到恼火，请立即采取行动来改变现状。和他一起做些有趣的事情，用一些东西转移他的注意力，或者开个玩笑来缓和气氛。无论是什么，只要能避免你变得更加恼火就行。最不奏效的做法就是在远处大喊大叫，让他停止他正在做的事情，同时被动地等待，看他是否会服从。这样做实际上是将对局势的控制权交了出去（也就因此把对自己情绪的控制权交了出去），最终只会让你产生一种无力感。

| 使用幽默的方式

当你的孩子做了一些令你不快的事情时，如果你非常严肃地对待这件事，这只会加强你自己的负面情绪，而幽默地应对效果可能更好。比如："我看看，是谁偷偷从罐子里拿了一块

小饼干？是我的小饼干怪兽吗？我要赶紧去抓他了。"或者："哎呀，救命呀！这里被风暴袭击啦。快，来帮我收拾一下，免得等会儿风暴又来了，把所有东西都吹到街上去。"尽可能看到各种情况幽默的一面。总是这样想：这是不是一件我下周和别人讲起来会觉得好笑的事？如果是的话，看看能不能现在就开始笑着面对这件事。

> 有一段时间我经常对比利感到恼火，于是我们陷入了恶性循环。我感觉自己简直就像个警察。于是我有意识地用幽默的方式回应各种情况。结果气氛变得好多了，比利更愿意配合了，我自己也不那么容易生气了。

| 全然接受你的感受

感受会来，也会走。如果你对自己的愤怒不采取任何行动，它是会自然消退的。虽然情况有时看起来并非如此，但那是因为我们常常倾向于用各种论据来证明自己的负面情绪是合理的。试着单纯地接受它吧。它就存在于此，不需要任何理由。平静地呼吸，不要排斥你的感受，然后等待它逐渐消退。当你恢复平静时，再采取行动。

假装你是一个超级英雄

和高敏感儿童一起生活可能是一项极大的挑战。在某些时刻，你需要天使般的耐心或者其他超能力。把自己想象成某种超级英雄。当你发现情况开始超出你的能力范围时，就在你的脑海里穿上超级英雄战衣。你可能无法在这种情况下继续冷静地处理事情，但是超级英雄会完成这个任务。必要时，你也可以对孩子这样说："哎哟，这可难倒我了。等一下，我要先变身成超级妈妈。"

> 当我感到自己变得不耐烦或恼怒，并有提高嗓门或者大喊大叫的冲动时，我就假装自己是女超人。我会在脑海中穿上女超人的衣服（我甚至会摆出那种姿势，这会自动缓解我的过激反应），然后当我准备好了，我就会发挥我的超能力（耐心、幽默、理性看待问题的能力）。这听起来非常幼稚，但到目前为止，这是对我来说唯一真正有帮助的方法。

拥抱你的孩子

没有什么比大剂量的催产素更能缓解愤怒和烦躁的情绪了。要避免生气，最简单的方法就是来一个大大的拥抱。比如说："我真的感觉糟透了，你好好抱抱我会对我有很大帮助的。快来!"这样做还有一个额外的好处,那就是你会自动让孩子暂时离开令你恼火的情境。拥抱结束后,就可以立即讨论一下,该如何以一种让双方都开心的方式继续处理当前的情况。

| 刻意练习微笑和平静地说话

研究表明,微笑可以对你的情绪产生积极的影响。即使你的微笑是假的,你的大脑仍会接收到你感觉良好的信号。你说话的语气也会影响你的情绪。当你感觉到自己开始烦躁或者生气时,与其急促地说话,不如强迫自己放慢语速并柔声说话,这样的效果会更好。

| 改变你的消极想法,学会转念

大多数愤怒或烦恼都是由某些想法引起的。例如,当你的孩子在繁忙的商业街上耍赖不走时,你可能会因为各种原因感到生气。像"我们上学快迟到了","别人会怎么看我"或者"我的孩子就该听我的"这样的想法,会让你越来越生气。然而,想法只是想法而已,你可以随时决定去想一想别的东西。但情绪不一样,一旦有了某种情绪,你就不能简单地感受其他的情绪了。因此,最好在你的消极想法诱发负面情绪之前及时转念。

| 巧用口头禅

停止消极的想法往往比用积极的想法替代它们更加困难。

想出一句话，在困难时刻对抗你的负面情绪。假设你在早高峰时段容易感到烦躁和焦虑，那就在脑海中重复这样一句话："我感到平静和放松。"如果你注意到自己在晚上因为精力不足而很难坚定立场，那就在脑海中多重复几遍"我还有足够的力量"。

采用与你想要的情绪相匹配的姿势

除了思想，你的姿势也起着重要的作用。你的情绪往往会影响你的姿势，反过来也是一样。当你感到沮丧时，你的肩膀可能会下沉，嘴角也会下垂。通过有意识地挺直背部和扬起嘴角，你的感觉往往也会随之改变。而当你感到紧张时，你的肩膀很可能会耸起，呼吸也会变得急促。这时，通过缓慢呼气几次，并让身体再次放松下来，你的情绪也会自然而然地随之改变。

告诉孩子你的决心

告诉你的孩子，从现在起你会竭力保持冷静。通过对孩子说这件事，你可能会更容易坚持下去。这样，当你开始烦躁不安、感到恼火或者生气时，孩子也可以提醒你。

有时我对孩子们太生气了，除了大喊大叫什么也做不了。文森特对此并不太在意，他耸耸肩，仿佛知道这与他无关，但本杰明总是会因此伤心大哭。当我告诉他我再也不想对他发这么大的火时，他是那样感激地看着我，几乎让我哭出来。他也会第一个喊道："妈妈，你还记得吗？你要保持冷静呀！"

| 提醒孩子你的"水桶"也会溢出来

如果你已经给孩子讲过关于"水桶"（参见第 2 章）的事情，以及"水桶"太满时会发生什么，你也可以用这个比喻来向他解释你的感受。"哎哟，救命呀，我的'水桶'快满了。谁来帮我把它倒空呀？"或者："孩子们，我真的需要你们的帮助，再来'一滴水'，我的'水桶'就要溢出来啦。"

当你自己被情绪淹没时，你可以做什么?

尽管你已经尽最大努力避免发怒或者调整情绪了，但你有时可能还是会被情绪控制。在这种时候，你可以尝试以下方法。

| 下定决心不再对孩子大喊大叫

无论你多么情绪化，都不要对孩子大喊大叫。许多父母内心深处仍然有一种信念，认为自己偶尔的吼叫是正当的。"我也是人""他们有时真的让我抓狂""他们并不会因此受到伤害"这些想法都会阻碍你停止大喊大叫。尽管这些想法都是可以理解的，但它们并不能帮助你停止这种行为。

| 调整呼吸

对一些父母来说，多做几次深呼吸会有帮助。这样可以缓和你的反应（类似于数到十的方法），同时让你的身体恢复平静。在做这个动作时，你还可以尝试活动脚趾，这有助于让你更快地回到平静的状态。如果你现在还做不到这一点，请相信这是可以学会的。关键在于练习。深深地吸气，并尽可能缓慢地呼气。

| 退后一步看看

向后退一大步，从远处看看当前的情况。现在发生的事情到底有多糟糕？在大多数情况下，其实都不是多么严重的事情。

告诉自己，一切都会好起来的，你是安全的。必要的时候就大声说出来。"我很安全。一切都很好。我可以做到的。"在需要的时候，重复这些话。

| 贴上便签或其他提醒

在家里各处贴上便签或者照片，便签写上可以提醒你保持冷静的文字。例如孩子最可爱的照片，或者几句鼓舞人心的名言。当然，简单的彩色圆圈或心形图案也可以，只要你知道它们代表的意义。

> 我曾郑重地决定不再大喊大叫。因为这样虽然能暂时释放压力，但事后我总是感觉非常糟糕。这确实会让丹尼尔很难过，而我也不想再做一个大喊大叫的母亲了。好不容易坚持了三天，我又发作了。于是，我在整个房子里挂满了爱心，还有"保持冷静"的字样。现在我已经有 22 天没有大喊大叫了。

| 大喊出来

如果你仍然有着强烈的冲动想要大喊大叫，那就尽管喊吧，但永远不要对着孩子或朝着孩子的方向这么做。对孩子大喊大叫会让他感到非常害怕，因此最好走到走廊或厕所里，或者朝着另一个方向喊。喊叫时也不要使用语言。在情绪激动时，你很可能会喊出一些让你事后感到后悔的话。而且，使用语言只会放大你的情绪。像人猿泰山那样发出原始的呐喊或怒吼，尽情地发出声音，但不要使用那些反映你的情绪或者挫败感的词语。当你的情绪再次稳定下来，再用语言来表达你的困扰。

| 大幅度运动释放情绪

你也可以寻找释放情绪的其他方法。比如，在楼梯上跑上跑下，在蹦床上跳一跳，或者全身上下摇一摇。只要不对孩子造成威胁，做什么都可以。但用力击打枕头或者猛摔门等行为可能会让孩子感到非常害怕。而且，在做这些行为时，你的身体仍然会接收到"战斗"的信号，这反而会让愤怒持续更长的时间。

> 有时我感到非常无力，恨不得去打人。起初，我会狠狠地砸沙发。直到有一次我抬起头，看见了玛丽克的眼神。她真的被吓坏了。现在我会跑到车库，以最大的力气上下跳二十次。

| 真诚地道歉

如果你某一次没能控制住自己，一定要向孩子道歉。解释你不应该做出那样的反应。并且确保你的道歉是真正的道歉，而不是把责任推给孩子的托词。"宝贝，很抱歉我这样对你大喊大叫，但你制造的噪声真的让我抓狂。"这样的道歉并不是真正的道歉，因为你仍然把自己的反应归咎于孩子。同时，你还要向孩子解释你打算采取哪些措施来防止这种情况再度发生。孩子会通过观察我们的所作所为学到最多的东西。因此，通过这种方式，他也能学到如何以成熟的方式处理自己犯下的错误。

｜　如果某一次失败了，不要感到内疚

学习新事物是需要时间的。在这段时间里，很可能还会发生让你非常生气并对孩子发火的情况。不要为此感到内疚。因为明天又是新的一天，孩子最美好的地方就在于他们每天都会给你一个新的开始。也不要对自己生气，这对任何人都没有好处，而是想一想下一次你该如何以不同的方式处理事情。跌倒本身并不是失败，不再爬起来才是失败。

如何让生活保持乐趣？

只有当你自己的需求也得到满足的情况下，你才有可能为你的孩子提供他所需要的东西。作为高敏感儿童的父母，这确实是一项不小的挑战。抚养孩子需要花费大量的时间和精力，你很容易被压得喘不过气来。但你也有享受美好生活的权利。

｜　确保自己有充足的休息时间

休息是很重要的，但对许多人来说，休息的优先级往往会被排在最后。工作、家务、运动、与朋友聚会，在此之间还要照顾孩子，根本就剩不下多少时间。但其实疲劳是导致情绪低

落的主要原因之一，所以请尽一切努力让自己得到充分的休息。严格要求自己，按时上床睡觉。尝试和孩子一起早早入睡也可能会有奇效。

> 晚上玩手机真的很让人上瘾。不知不觉，一个小时就过去了。我自己也知道我不该这样。从三周前开始，我规定自己晚上十点以后不再使用电脑，我早睡了很多。从那时起，我感觉变快乐了。

寻求他人的帮助

养育高敏感儿童是一项挑战。这项挑战非常有趣，你可以从中学到很多东西，但有时也相当辛苦。因此，向他人寻求帮助是完全没有问题的。比如，请邻居帮你照看半小时，而你能在这段时间独自去购物，或许孩子就不会在这天结束时发一顿脾气。再比如，如果有位朋友带孩子去吃冰激凌，让你能趁机好好泡个澡，这可能会让你精力充沛好几天。重要的是，千万不要碍于自尊心而不去寻求帮助，大多数人都会很乐意帮助你，不然的话他们也完全可以拒绝你。

| 做足够多有趣的事情

让你的生活充满乐趣。做很多让你快乐的事情。好好思考一下你现在的空闲时间都花在了什么地方，想想这些事情是否能给你带来充分的满足感。有些父母因为与高敏感儿童一起生活而感到非常疲惫，以至于孩子们上床睡觉后，他们就瘫在沙发上。如果这样做能让你感到快乐，那就这样做。但大多数父母会从其他事情中获得更多的快乐。给自己一点动力，去做一些真正能够让你获得能量的事情：运动、跳舞、和朋友们喝杯酒、读一本好书，或者做其他任何你需要的事情。

我常常在一天结束时感到精疲力竭，最想做的就是打开电视，再也不要从沙发上站起来。有一段时间，这曾是唯一一件我会做的事情。每天晚上，我都会在电视前面坐上两个小时，但这并不能让我感到快乐。现在我们只在周末看电视，其他日子的晚上我会做瑜伽、和朋友聚会或者去剧院。我感觉自己好像突然有了更多的时间。那些我曾以为没有时间做的事情，现在发现其实都能做到。

| 利用孩子对联系的需求为自己充电

你的孩子非常需要联系，有时可能多到让你抓狂。对抗这种需求通常意义不大，只会让你更加沮丧。试着在建立联系的同时享受这个过程为自己充电。如果你觉得孩子不断来打扰你是一件很烦人的事情，那么和孩子聊天或者拥抱确实会是一种巨大的负担。但你可以试着换个角度，真正享受和孩子待在一起的时刻。虽然现在的日子常常令人感觉十分漫长，但岁月终究是短暂的。在未来，你或许会怀念那搂着你脖子的小小手臂，或者那个突然又想让你陪着他直到他快要入睡的少年。

| 总是以愉快的方式离开孩子身边

和孩子告别之前，如果你刚刚与他发生了争吵或者对他发了脾气，一定要在离开前弥补一下。如果你不这样做，你走的时候也会带上这种不愉快的感觉，这可能会导致你一整天工作时都心情不佳，或者你会带着烦躁的情绪坐在楼下，而你的孩子已经在楼上睡着了。先与孩子和好，拥抱他，然后再带着愉快的心情离开吧。

| 定期花时间观察你的孩子

定期抽出十五分钟的时间，坐下来看着孩子愉快玩耍的样子。其他什么事都不要做，只是静静地坐着，享受你所看到的一切。把手机或电脑放在一边，克制住想要马上去洗衣服或者打扫房间的冲动，尽情体会孩子的可爱之处。看看他如何专心致志地试图在线条内涂色，他在游戏中发挥了多少想象力，或者他对玩偶是多么体贴和关爱。既然你要和孩子一起度过许多时光，那就最好能够享受它。

| 看看自己是否仍有不切实际的期望，并放下它们

只有先有了期望，你才会对某件事情感到失望。避免失望的一种简单的方法就是确保自己没有不切实际的期望。例如，如果你总是期待你的孩子自己整理房间，那么每次他没有这样做的时候，你都会感到沮丧。你也可以这样想：你需要一点创意，才能让他做这件事。仔细看看有哪些事情仍然令你感到沮丧或烦恼，想想你是否可以改变它们。如果不能，或者你很久以来都没能成功，那就试试看你是否可以放下这些期望。

我本来打算成为那种去哪儿都带孩子的母亲。我完全可以想象那个画面：一起外出就餐，一起进城购物，等她长大一些，我就带她去那些我以前一个人去的音乐节。结果，第一次带玛莉去吃午餐的经历让我大失所望。那时她几个月大，一直在大声哭闹。而我对面坐着我的朋友，她的宝宝比玛莉小三周，却没发出一点声音。那时我还想着，她只是今天心情不好而已。后来我明白了，我必须调整自己的期望值。那位朋友和她的女儿一起做了所有我曾想和玛莉一起做的事情，这对我来说还是挺难接受的，但我已经越来越能接受这个现实了，毕竟每个孩子的性格特质都不一样。现在我们偶尔会交换一下。我的朋友会带玛莉去沙滩散步，而我则带她的女儿开心地去购物。

| 每天晚上，写下当天愉快的经历

偶尔感到失落或者心情不佳是很正常的。没有人指望你总是开心快乐地生活。但是，如果你大部分时间都感到烦恼，那么最好还是采取一些措施。在一周的时间里，每天至少写下三件让你开心的事情。如果想不出三件，那就再仔细想想。它们不需要是什么大事，可以是五分钟不被打扰的淋浴，你的孩子为你画的画，或者你的伴侣主动为你端来的一杯茶。想到这些，你是不是开心了许多？

> 曾经有一段时间，我真的觉得什么都没意思。我发现自己常常会有这样的想法："要是我当初没有要孩子就好了。"或者："为什么我的孩子这么难搞？"有一次，当我不知道第几次向朋友抱怨时，她看着我说道："听着，我真的很为你感到难过。但情况就是这样了，现在有两件事是你可以做的，要么沉浸在自怨自艾中，要么看看生活中有什么美好的事物。"当时我对她的话感到很恼火，但我把她的建议记在了心里，并开始关注我的生活中所有美好的事物。情况确实没有发生改变，但我体验它的方式却完全不同了。

如果你自己也属于高敏感人群

当然，你自己的性格也会影响你和孩子之间的关系。许多高敏感儿童的父母也属于高敏感人群。这种情况是有一些好处的。

你更能理解自己的孩子

如果你自己也属于高敏感人群，你可能会更容易理解孩子的感受。你会明白批评对他来说可能会很伤人，你会觉得衣服穿着不舒服是完全合理的，也就能很好地理解为什么对他来说乖乖服从命令会很困难。

你会自然而然地做更多符合孩子需求的事情，因为这些需求往往与你自己的需求是一致的。

例如，如果你自己也更容易受到过度刺激的影响，你就会更多地避开某些情况和场合，因为你自己也会因为它们感受到负担。你也可能会在日常安排中加入更多的放松活动，因为你自己也需要这些。而如果你自己对联系有很多的需求，你可能会主动做更多事情来促进你与孩子的联系。但是，自己是高敏感人群有时也会非常麻烦。

| 你自己可能也会更容易受到过度的刺激

特别是当你有多个孩子时，一天的生活对你来说可能也会包含太多的刺激。和多个人一起生活有时会相当忙乱，休息和放松常常很容易被抛在一边。再加上孩子强烈的情绪，你的"水桶"很快也会变满。这使得保持冷静变得难上加难。在本章的开头部分，你已经了解了一些应对方法。与那些不属于高敏感人群的父母相比，这些方法对你来说更加有用。

| 你的孩子可能也会被你的紧张情绪困扰

如果你自己属于高敏感人群，你本身就更容易紧张。当你的孩子也是如此，而你又希望能应付好这些情况时，这可能会让你更加紧张。除此之外，你自己对掌控感的需求会让你更难放下某些事情，并且在无法控制局面时变得紧张。这对于高敏感人群来说合情合理，但是对你的孩子来说也是额外的考验。因为孩子首先会察看父母是否感到安全。如果你很紧张，你会散发出标志着"危险"的信号，这会加深孩子的恐惧感。当你感到紧张，记得深呼吸几次，并坦诚地告诉孩子你的感受。毕竟，对于高敏感儿童来说，伪装是没有用的，因为他能感受到你的情绪。例如，你可以这样说："我有点紧张，因为我不知道待会儿派对上的情况会怎么样。"然后再给自己一些正向的暗示："不过这也没什么必要，因为我们以前也参加过派对，而且情况很顺利。"

| 你可能会对你的孩子产生过度的身份认同

如果你自己也属于高敏感人群，你可能会在孩子身上看到很多自己的影子。这样当然很好，但也有一种风险，那就是你可能会把一些并不符合你的孩子，而是属于你自己的特质、情绪和想法加诸于他，或者基于你自己过去的经历来预测他的遭遇。尽管你们有一些相同的特质，他仍然是独一无二的个体，有时他会对某些事情产生与你完全不同的感受。意识到这一点是很重要的。

> 我自己小时候很容易感到被拒绝，而这会让我非常没有安全感。如果有个朋友对我不友好，我会因此彻夜难眠。很长一段时间以来，我以为我的女儿也会这样。最近，我女儿和她的一个朋友吵架后，那个朋友生气地跑回了家。我为女儿感到非常难过，几乎因此而胃痛。"妈妈，别这么夸张，"我的女儿说道，"这事很快就会过去的。明天她就会恢复正常了。"

| 积极修复过去的伤口

如果你自己也属于高敏感人群，那么在你的成长的过程中，你很可能没有被真正地理解和获得足够的爱。直到今天，你可能仍然受到这些经历的影响。这会使抚养孩子变得格外困难。你的孩子可能会在无意中让你面对自己曾经的缺憾，或者揭开你过去的伤疤。在这本书中，我不会深入探讨这个问题，但如果你仍然背负着旧伤，看看是否能为此做些什么。

> 我在女儿身上看到了很多自己的影子。我曾经和她一模一样。我的父母从未理解我，我曾常常感到不快乐。当我看到自己现在与女儿的连接，我会再一次为小时候缺失这种连接而感到难过。我并不怪我的父母，我也能体会到

> 养育我们这种性格的孩子是多么困难，但我有时仍然会
> 感到非常痛苦。

| 请接纳自己

你可能还没有完全接纳自己的性格。高敏感人群中的许多人因为他们的敏感和对联系的需求，会更希望满足别人对他们的期待。如果你过去经常听到像"别这么小题大做"、"别总是这么顽固"或者"你怎么这么挑剔"这样的评论，你可能会下意识地排斥自己身上的这些性格特征。孩子们会更多地从我们的行为中学习，而不是从我们的言语中学习。因此，如果你还没有完全接受自己，他们也会更难接受自己。请看到自己拥有的许多非常美好的特质，就像你希望孩子做到的那样。

> 其实我还是不敢大声说出来：我自己是个非常敏感的
> 人。我不喜欢矫揉造作，不喜欢吹毛求疵，不喜欢满腹
> 牢骚，也不喜欢斤斤计较。但事实是，这个世界常常让我
> 感到很难应对。噪声和鲜艳的颜色会让我感到生理上的
> 疼痛，我更愿意与人保持距离。当我快四十岁的时候，如
> 果有人在面包店乞讨，我还是得强忍住自己的眼泪。从小
> 我就知道，社交、参与到公共生活中、说出自己的想法而

且不要任人践踏是我该遵循的准则。虽然直到现在我也不想偏离这些准则，但我依旧不想鹤立鸡群、引人注意。我也希望我的孩子们能学会做自己，不要太在意他人和社会的看法。

第

7

章

| 高敏感儿童容易
面临的困难情况

对 于高敏感儿童来说,有些情况和事件格外困难。在
本章中,我将进一步探讨一些对于多数高敏感儿童
来说都比较困难的主题。

如何培养孩子健康的饮食习惯？

对于高敏感儿童来说，饮食可能是一个相当大的问题。这应该不难理解，因为如果你善于观察且敏感，那么你在品尝食物时也会更加敏锐。此外，高敏感儿童根本不会被迫吃下他们不想吃的东西，即使强迫他们吃下，对培养健康的饮食习惯和你与孩子的关系也是非常不利的。

我们需要知道的是饮食问题只是表象，如果孩子感觉自己对生活缺乏控制感，那么拒绝吃某种食物可能是他找回掌控感的一种方式。如果你和孩子在很多事情上都有争执，那么先关注这些问题，然后再解决吃饭的难题，可能会更有意义。有时，如果家庭氛围更加和谐、平静和放松，孩子的饮食问题会自然而然地得到改善。如果情况并未改善，你可以再回到饮食的问题上。

在开始解决饮食问题前，创造好的用餐氛围很重要。即使孩子什么都不吃，我们也应该打造一个放松、温馨的环境，让他觉得用餐时间是愉快的。当然，要做到这一点，得放下对他饮食问题的担忧。孩子能够敏锐地察觉到你的担忧，而这只会使情况变得更加糟糕。这些说起来容易做起来难。如果你现在仍然忧心忡忡，可以先试试以下方法。

| 作记录

试着记录孩子一周的饮食情况。很多时候，记录显示他吃的比你想象的要多，这可能会让你更放心。但如果在查看记录后，你仍然认为他没有摄入足够的营养，那么可以咨询营养师。他会建议你如何补充某些缺乏的营养，还可能会在必要情况下建议孩子暂时服用额外的维生素。

| 关注孩子的健康状况

如果你的孩子身体健康，精力充沛，很少生病，那么他的状态至少不错。这种情况下，你首先要解决的问题是你们关于饮食的争执或者你的孩子对就餐时间的厌恶感。只有在解决了这些问题后，你才需要担心其他问题。但也可能压根就不需要担心，因为这些问题有时会自行解决。

| 考虑长期效果

培养健康的饮食习惯可能需要一段时间（甚至是很长一段时间）。归根结底，孩子一生的健康饮食习惯比他这周是否吃了足够的青豆更重要。有些孩子多年来只吃三明治和苹果，但最终也长成了健康的成年人。你希望让孩子养成健康的饮食习惯，但也需要知道这不是一蹴而就的。当你不再为这件事担忧时，餐桌上的气氛也会因此变得愉快。首先要做的就是卸下必须吃饭的压力。告诉孩子你希望他能和大家一起坐在餐桌旁，但他可以自己决定吃什么和吃多少。重点是一起共度时光，向彼此讲述你们当天做了什么有趣的事，你们可以一起玩游戏，假装正在一家非常高档的餐厅用餐，或者做些疯狂的事，比如在桌子下面吃一次野餐。这样做在于彻底打破与吃饭相关的负面联想。

试着接受你孩子是个美食家

高敏感儿童通常有着极其敏锐的味觉。有些孩子甚至可以尝出两种不同品牌的苹果汁的差异。如果你自己对这些差异完全不敏感，那你可能会很难理解为什么孩子明明喜欢加了西葫芦的面条，却非常讨厌加了茄子的。是的，这确实会非常麻烦，但他并不是故意这样折腾你。他需要学会处理这些问题，只是需要许多时间。作为家长，你当然希望他们尽量多吃健康的食物，下面我也会给你提供一些方法，帮助孩子更容易做到这一点。

尝试食材丰富的美味拼盘

对有些孩子来说，有选择权会让他们更愿意吃饭。与其将各种食材混合在一起烹饪，不如试着把不同食材分开放在一个大餐盘里。一小堆意大利面、一堆花椰菜、几片黄瓜、几片香肠和一些胡萝卜，这些放在一起也能组成一顿很好的晚餐。或者摆上装有不同种类健康食品的小碗，让他可以把这些食物放进卷饼或面包里。有些孩子非常讨厌不同的食材互相接触。在这种情况下，最好使用有隔层的盘子，这样意大利面酱就不会沾到蔬菜之类的食物上。

| 在孩子喜欢的食物上做些小变化

如果你的孩子喜欢面条，那么每周都做也无妨，只需每次加入不同的食材就好。如果你的孩子非常喜欢汤，那就尽可能多想些花样，每次稍微做些变化。

| 在一天中分散提供蔬菜和水果

大多数孩子在一天结束时都会感到非常疲惫或过度兴奋。如果此时他们还必须吃一些不感兴趣的食物，比如蔬菜，这就要求过多了。可以在孩子放学回家时给他提供小番茄、黄瓜、甜椒和胡萝卜，或者在午餐时做一份蔬菜奶昔。如果你确保孩子在白天已经吃了足够的蔬菜和水果，那么晚餐时就不必再为他的饮食担心了。

| 在做晚饭前准备一小盘蔬菜

对很多孩子来说，晚餐的时间太晚了，他们早就饿了。等你把晚餐端上餐桌，他们的饥饿感已经过去，也不需要再吃更多了。所以提前准备一些蔬菜，有些孩子会在你做饭的时候会过来讨要食物。这时不要告诉他们必须等到吃饭的时间，而是让他们先吃一些健康的零食。

| 高效备餐：多做一些孩子喜欢的食物

当然，有时你也会想要做一些自己喜欢的食物，而不必总是顾及孩子的口味。那么你可以在某一天把他喜欢的食物做好双倍的分量，并在第二天加热给他吃，而你则为自己准备一些其他的食物。这样他能摄入足够的营养，而你也能吃得开心。

| 让孩子参与制订计划

你也可以在一周开始前制订一个计划，并询问孩子们想吃什么。这样做可以满足他们对可预见性和掌控感的需求。记得在制订计划时设立一些规则，比如说每餐必须包含一种蔬菜。

| 让孩子们（帮忙）做饭

孩子们通常很喜欢帮忙做饭。当他们长大一些时，他们往往希望能够自己动手准备一些食物。他也会更愿意尝试自己参与制作的东西。这样你就不会总是为一顿没人喜欢的饭菜而独自操劳了。自己非常努力地做了一顿饭，孩子却只吃一口就饱了的恼火也会大大减少。

| 将食物搅成泥或者做成汤

有些高敏感儿童非常讨厌某些食物的口感。食物中的小硬块或者颗粒状物质足以令他们反胃。对于这些孩子来说，把食物捣碎成泥或者煮成汤可能会更容易接受。这样他们可以逐渐适应食物的味道。随着时间的推移，你可以逐渐减少捣碎的程度，并增加一些小食物块。

让孩子吃得健康的方法就介绍这么多。除此之外，你可能也希望孩子能喜欢上更多的食物。然而只有当你们不再为吃饭问题而争吵时，才能开始这一过程。往往只有当餐桌上的气氛非常愉快，而你也不再担心他是否吃得够多时，下面的建议才会起作用。一旦孩子感觉到你仍在担心或试图强迫他，他就会重新开始抗拒。

| 利用内驱力

只要你的孩子认为他必须吃得健康，是因为你觉得他应该这样做，他就不会有太大的动力。只有当他自己意识到多吃健康食物的重要性时，他才会更有动力去吃。例如，可以向他解释某些营养物质对身体的作用。如果他意识到多吃蔬菜可能会让他踢足球踢得更好，他就会更有动力去吃西蓝花。此外，可以鼓励孩子多和朋友们一起吃饭。他们通常会很喜欢这种活动，而这也能让他们尝试更多其他的食物。

我们的女儿完全没有动力尝试新的食物，直到有一次她受邀去一位朋友家里做客吃饭。她非常想去，但又不敢去，因为她害怕自己不喜欢那里的食物。我立刻抓住了这

个机会。"是啊,我理解,这是件很麻烦的事情,"我说,
"要是你喜欢的食物种类更多一些就好了,是不是? 我们
要不要来制订一个小计划,来尝试一下不同的食物?"现
在我们每周都会引入一种新的蔬菜,她也真的在尝试喜欢
上这些食物。

给孩子更多时间对不喜欢的食物脱敏

许多高敏感儿童需要很长时间才能适应某种事物。因此,
熟悉新的菜肴可能也需要很长时间。对于一般孩子来说,他们
平均需要尝试十五次才能习惯一种新的味道。但对于高敏感儿
童来说,他们可能需要相当长的时间才愿意开始勇敢尝试。因
此,当孩子在你旁边时,你可以若无其事地吃他不愿意吃的东
西。头三次他可能一边看一边露出厌恶的表情,但到了第十次
时,他可能已经敢闻一闻了。某一天,当他心情好的时候,你
甚至可以让他鼓起勇气尝一尝。

让孩子可以更放松地品尝食物

如果孩子不得不尝试并咽下一些他非常厌恶的食物,那么
仅仅这个想法就可能让他打退堂鼓了。但品尝并不意味着一定要
吞下去,而是意味着在口中感受味道和质地。因此,给他一张餐

巾纸，告诉他可以放心地吐出来。如果你觉得这个想法很恶心，那就想想侍酒师在品酒时其实也是这么做的，就更容易接受了。

| 谈谈孩子以前不喜欢但现在却喜欢的食物

孩子们常常根据喜欢或不喜欢来思考问题，仿佛这是一个固定不变的事实。你可以指出他过去不喜欢但现在喜欢的食物，来让他们明白喜好是可以变化的。当他说自己不喜欢某种食物时，你也可以这样回应："你当然不喜欢它了。你以前还从来没吃过这种食物呢。学会喜欢新事物本来就是需要时间的。等你什么时候想试一下了就告诉我吧。"

| 把孩子不喜欢的东西藏在食物里，事后再告诉他吃了什么

例如，可以把胡萝卜捣碎混入意大利面酱中，或者把非常小的韭葱碎放入汤里，小到他吃起来根本察觉不到。吃完饭后再告诉他。"你知道你刚才吃了什么吗? 是韭葱! "要带着灿烂的微笑和亲和的态度说这句话，让他感受到你这样做是为了帮助他。如果他感觉到你是在证明"看吧，你其实是喜欢的"，他以后就再也不会吃不确定成分 / 材料是什么的食物了。

| 让你的孩子可以安心地把他不喜欢的食材挑出来

你可能会忽略掉菜肴里有孩子不喜欢的一些食材。但如果你的孩子知道他可以把自己不喜欢的东西挑出来，把这些食材

放进菜里可能反而不是件坏事。你可以在孩子的盘子旁边放一个空碗，让他可以自由地把那些不喜欢的东西放进去。这样他至少还能看到这些食材，也许有一天他就会决定尝一小口。

| 树立好榜样

如果你的孩子看到你尝试很多不同的菜肴并且总是把所有食物都吃光，那么他将来也更有可能会这样做。因此，如果你现在还有一些不喜欢的食物，尽量以开放的心态多多尝试吧。和你的孩子一起做这件事，这样还能增加你们之间的联系。

如何帮助孩子更好地入睡？

对于一些高敏感儿童来说，睡眠是个大问题。这可能有不同的原因，而每种原因又需要不同的解决方法。因此，请仔细分析孩子难以入睡的原因可能是什么。关于睡眠可以讲的内容有很多。在这里，我仅提供一些你可以尝试用来帮助孩子轻松入睡的方法。

| 满足孩子对掌控感的需求

对一些孩子来说，他们通常因为很难放松而入睡困难。的确入睡与放松密切相关，你必须能够放下白天的事情、思绪和烦忧，而你的身体也必须放松，这样你才能安然入睡。因此，

避免给自己增加压力，这一点非常重要。如果你感到不安或焦躁，你的孩子也会被这种不安感染，从而更加难以入睡。你的目标不应该是让他尽快上床睡觉（尽管在忙碌的一天结束后你可能非常想这么做），而是帮助他放松。确保你自己也很放松，试着相信一切都会好起来。多关注孩子而不是时钟。看看他需要什么才能放松下来，并尽量满足这些需求。

有时候我在一天结束时真的精疲力竭。白天我忙于照顾两个蹒跚学步的幼儿和一个高敏感的女儿，晚上我也需要休息。一开始，我的目标是让他们在七点半之前上床睡觉，但维亚妮在这之后还会悄悄下来五次，结果她经常要到快九点才睡着。到了后来，我放下了这个目标。现在我在七点把两个幼儿放在床上，然后花费一段必要的时间来帮助维亚妮放松。我们一起聊天、读书，拥抱彼此，而我不会去看时间。神奇的是现在我通常在七点四十五就能下楼，而维亚妮在这之后不到十分钟就睡着了。

| 帮助孩子放下白天的事情

你可以通过象征性地对这一天说再见来帮助孩子放下白天的事情。有很多方式，只要选择适合你们的方式就可以。例如，让他讲讲一天中经历了哪些愉快和不愉快的事情，把这些事情简要地写在纸条上，然后放进一个小盒子里。或者让他站起来，拿一块布，把他一天的经历从他的身上"擦掉"。

在埃弗拉特上床睡觉前，我们总会先念一首自创的小诗："再见啦，亲爱的白天，现在你已经过去。我现在要睡觉，而你不属于这个时间。明天你可以再来，但现在我真的想要睡觉啦。"我们还把这首小诗挂在他的床头，这真的能帮助他过渡到睡眠状态。

| 让孩子更多地"放空思维"

另一种帮助孩子的方法是让他"放空思维"。许多高敏感儿童晚上都会在脑海里回想他们一整天的经历。只要孩子还在胡思乱想，就很难平静下来。你可以试着按摩他的双脚、揉搓他的背部或轻轻抚摸他的太阳穴。尽量不要再和他聊天了。因为只要你再聊起某件事，你就会重新激活他的思维，让他又开始胡思乱想，而这恰恰是你想要避免的。

| 让孩子自行决定什么时候睡觉

让别人替孩子决定什么时候睡觉，这一点可能会与高敏感儿童对于掌控感的强烈需求产生冲突。他喜欢自己决定什么时候上床睡觉。对一些孩子来说，给他们自己决定的空间是很有效的。例如，你可以跟孩子约定好他确实需要你帮助的睡前项目，而其他让他自己做，这样你就不必整晚都在旁边待命了。然后你可以让他穿着睡衣玩一会儿或者读一本书，直到他自己表示想要上床睡觉为止。通过这种方式，他也能学会如何处理这件事，这对以后很有好处。当然，最好在某个特定的时间点关闭所有的屏幕。只要孩子还在看屏幕，他就无法很好地感受到困意，这个方法也就行不通了。

> 哄维贝上床睡觉一直是个大麻烦。经过一大通折腾后，当他终于躺在了床上，通常能在三分钟之内就会睡

着。但那会儿我往往已经筋疲力尽了。有一次，我和他讨论了这个问题。我问他："是什么让你如此烦躁不想睡觉呢？"他回答道："我只是想自己做决定。"当然，我完全理解这一点，但他喜欢在睡觉前听我读书，而我不想在晚上九点还要做这件事。现在我们达成了一个约定，我在七点半前给他读书，之后他可以想玩多久就玩多久。等到他真的要睡觉时，他会来告诉我，这样我还能再给他一个吻。而这通常都能在七点四十五前完成。

| 选择合适的时间

有些孩子真的无法自己决定什么时候上床睡觉。他们总是精力充沛，最终兴奋过度。这时候，你一定要帮助他们。仔细观察孩子什么时候开始感到疲倦，并将其作为睡觉时间的信号。如果你只是看时钟来确定他什么时候应该上床，那么这个时候他可能还不够累，或者——对高敏感儿童来说这种情况的可能性更大——他已经过了最佳的入睡时间。例如，如果你的孩子在六点半时已经非常疲倦，但你直到七点才让他上床，那么他可能已经重新打起精神，以至于再也无法入睡了。这样一来，你就不得不等待孩子下一个真正感到疲倦的时刻，而这个时刻可能要等一个小时以后才会出现。需要提醒是许多高敏感儿童的父母表示，他们的孩子感到疲倦的时间实际上比他们最初想象的要早很多，并且当他们让孩子更早上床睡觉时，孩子反而更快入睡。

回应孩子对联系的需求

还有一些孩子对联系有着强烈的需求，因此非常不喜欢一个人躺在床上。这会让他们紧张，进而导致他们完全无法入睡。如果你的孩子也有这种情况，请看看你能如何满足他们的这种需求。这里有一些建议，但重点还是要看什么才是适合你孩子的方式。

一起在孩子的床上结束这一天

孩子睡觉时，就陪着他，抱着他，直到他非常困了再离开。如果他不让你走，你可以多待一会儿，过几分钟再试一次。尤其是如果上床前发生了争吵，或者他在睡觉前的情绪非常紧张，那么你可能需要等到他睡着后才能离开。放轻松，你现在的目标应该是让孩子足够放松以便入睡，而不是一刀切地要求他独自睡觉。如果你经常这样做，自然有一天你可以在他快要睡着的时候离开，随着时间的推移，你甚至可以在他还清醒的时候离开。

> 提斯晚上的情绪总是非常紧张。他不停地坐起来，在床上动来动去。起初，他还会悄悄溜出来大约三十五次

（真的没有夸张）。这并不是因为他不累，而是因为他无法平静下来。如果我躺在他旁边并为他按摩背部，他就能放松下来。我曾经常听别人说孩子应该自己入睡，所以一开始我很犹豫是否要陪在他身边。但现在我不犹豫了，陪他入睡的效果很好，这也是我们一起共度的珍贵时光。现在他睡得安稳多了，晚上醒来的次数也变少了，我想这是因为他身体里不安的感觉变少了。

| 让孩子知道你就在附近

对有些孩子来说，你并不需要真的一直陪在他们身边，但他们需要知道你就在附近。那么你可以在隔壁的房间里忙活一会儿，或者在走廊上叠叠衣服，这样你的孩子就会知道，如果他需要你，你随时可以过来。

| 过五分钟再去看看

你也可以和孩子约定，你会先出去，但过五分钟后会再回来看看他。这样他就知道你仍然关心他。一些孩子喜欢你一直过来看他们，直到他们睡着为止。问问你的孩子他觉得合适的间隔时间是多少，这样你也能让他体会更多控制感。

| 让孩子和兄弟姐妹在同一个房间睡

一个人独自待在房间里可能会感到非常孤独。如果你有多个孩子，可以尝试让他们睡在一个房间。这个方法不一定对所有孩子都适用，但你可以尝试一下。你也可以选择在你的房间里铺一个小床垫，这样如果孩子感到孤单，晚上就可以随时过来躺在那里。

| 满足孩子对可预测性的需求

如果你的孩子因为对可预测性的强烈需求而很难入睡，那么有一套固定的睡前仪式就非常重要。要记住，当你为高敏感儿童做这件事时，你需要为此预留相当长的时间。从上床前就开始睡前仪式，这样需要做的转换会小些。从孩子非常喜欢的事情开始，这样他就会有动力参与，然后按部就班地重复同样的步骤，让他非常清楚地知道自己快要上床睡觉了。

> 在我们家，从"为睡觉做准备"到"真正躺在床上睡觉"至少需要一个小时。我们会先泡澡或者淋浴，然后米洛会穿上睡衣，接着她会再吃一碗水果（否则她早上六点又会醒过来），然后我们读一本书，读完书后我们给她刷牙。在床上我们再唱三首歌，我还会轻轻抚摸她的背。她确实需要这段时间，才能从"活跃和清醒"转变为"平静和困倦"。

| 褪黑素

为了入睡，你的身体会分泌褪黑素。过多的光线会干扰褪黑素的生成。在孩子入睡前的最后半小时，尽量将光线调暗。电视或平板电脑等屏幕发出的光也会干扰褪黑素的生成。如果孩子难以入睡，最好不要让他在睡前一小时看电视或者任何其他屏幕。早上让孩子接触充足的日光也会有帮助，最好每天在同一时间这样做，这样他的身体就能很清楚地意识到新的一天已经开始了。

| 生活节奏

有些孩子的生活节奏非常不规律；还有一些孩子的生活节奏很规律，但这种规律却与我们的生活安排完全不符。有些孩子天生喜欢从晚上十一点睡到早上九点，这在他们需要上学的时候显然不太方便。通过在你可以影响的所有事情上保持尽可能多的规律性，你可以帮助孩子形成一种更为规律和理想的节奏。每天早上在同一时间叫他起床（是的，对不起，周末也要这样），每天在相同的时间吃饭。这样可以帮助他的身体形成更适合你们日常安排的节奏。

| 让孩子感到舒适

如果你的孩子非常敏感，那么过热或过冷的房间都可能使他感觉非常不适。此外，床单太粗糙、睡衣令他身上发痒、内裤太紧，这些都可能让他不舒服。因此，尽量确保所有这些东西都是柔软、光滑和舒适的。如果他喜欢裸睡，而你自己更喜欢穿袜子睡觉，也不要感到意外。让他表明自己的喜好，并尽量满足他的这些需求。

| 树立信心

如果你的孩子仍会在入睡方面遇到很大困难，那只是因为他还需要学习。他这样并不是在故意和你作对，他只是暂且还做不到而已。他需要你的帮助才能学会。回想一下，当他学习走路的时候，你也花了很多时间牵着他的手陪着他走来走去。当他还做不到，你只会满怀信心地把他抱起来，相信他最终总会自然而然学会的。睡觉和走路也是一样的，试着保持积极看待这个问题。

面对聚会和拜访时，该怎么办？

对于高敏感儿童来说，聚会或去某个地方拜访可能是一项真正的挑战。针对这个问题，你当然也可以和他一起制订一些规则，共同想出一些解决方案，以确保事情顺利进行。此外，以下建议可能也会有帮助。

| 让你的孩子先适应环境

　　拜访或参加聚会可能会触发孩子更多的感受。通常会有很多东西需要观察和探索，房间是什么样子的，厕所在哪里，有哪些人，你可以在哪里拿到饮料，有没有其他孩子，哪些地方可以去，哪些地方不可以去，这些都是他可能会好奇的问题。所以他确实需要一些时间来适应。有些孩子因此会希望先在你身边待一段时间，然后再去探索；而有些孩子则希望你直接带着他们四处走走，一起去发现这些事情。

| 不要强求孩子和每个人握手

对于高敏感儿童来说，与任何人握手甚至回几句话都可能是极其困难的。因此，不要强求他这样做。让他自己决定如何回应，不要为他的回应感到有负担。如果你的孩子不愿意和人握手，也不能说明你是个糟糕的家长，他最终会学会这些的。观察他的举动，对他微笑，让他感到你在支持他而不是批评他。如果出现令人尴尬的沉默，你可以用轻松的方式打破这种局面。

> 我自己非常重视社交礼仪。因此我认为让维克和别人握手是非常重要的。有一次，我丈夫说我这样只是在给自己增加不必要的困难。我其实也能理解这一点，但我花了很长时间才放下了这件事。现在我会表现得格外热情，这样孩子就不会那么引人注目了。

| 确保你的孩子有可以放松的去处

对于一些高敏感儿童来说，聚会尤其困难，因为这里有太多的刺激源。他们其实挺喜欢参加聚会的，但由于所有的声音、不同的气味和其他人的情绪，他们的"水桶"很快就满了。询问主人是否有房间可以让孩子坐下来画一会儿画。或者带上一台连接耳机的平板电脑，这样当他感到不堪重负时就可以去安静的地方听听音乐。你也可以选择在聚会中途带他出去，在附近散散步，让他放松一下。

| 及时离开

许多高敏感儿童可以在聚会上坚持一段时间，但到了某个特定时刻他们就真的受不了了。不要等到那个时刻再离开，而是趁着大家还很开心的时候就走。多多关注孩子的状态，一旦他们出现疲倦、兴奋过度或对抗的迹象，就带他们回家。久而久之，你在聚会上顺利度过的时间会自然而然地变长，孩子只是需要更多的练习。

| 先与随和的人一起练习

如果你的孩子对拜访他人感到困难，那么可以先去拜访那些性格随和的人。在这些人面前，你不必担心孩子会打翻贵重的花瓶，也不必担心孩子说话的声音太大。最好是那些自己也有孩子的人，这样你的孩子就可以找到玩伴。或者是拜访那些喜欢孩子并想让孩子感到开心的人。这样，孩子就会发现拜访他人其实也可以很有趣。

| 当你的孩子向你寻求联系，积极回应

如果你的孩子到你身边想找你说话或想和你拥抱，请尽量积极回应。在聚会上，你可能忙于交谈，很容易敷衍他。但正是在这种情况下，他会特别需要你，希望可以依靠你。对他来说，最好的方式是你能稍微中断一下你的对话，认真地倾听他说话。如果他太过频繁地来找你或者需要太多关注，以至于你

几乎无法和他人交谈，那么你可以把他放在膝上，把他抱起来，或者把一只手搭在他的肩膀上。

你还可以和孩子提前约定一个暗号，如果他在你和别人交谈时想要对你说些什么，就可以把手放在你的手臂上。然后你会握住他的手，这样他就知道你已经收到了他的信号，并会在结束聊天后立即听他说话。那么他就不用为了吸引你的注意力而在你的谈话过程中大喊大叫了。让他看到，即使你在交谈，你依然在他身边，随时愿意帮助他。当然，如果他感兴趣，你也可以让他参与交谈。当另一位成年人站在我们身边时，我们通常会邀请他加入对话，那么为什么不对孩子也这样做呢？

> 我从小就被灌输了这样的观念：聚会是成年人的事，孩子们应该自己玩。因此在我们家里，我们通常也会让孩子们去玩耍，而不要干扰成年人的交谈。然而，这对露娜来说完全行不通。她就是想和大人们待在一起并参与谈话。起初我确实感到有些尴尬，因为她是唯一一个会和其他成年人谈话的孩子，但现在我觉得这非常有趣。幸运的是，大多数人对此事的反应也很积极。

提前演练可以说的话或可以做的事

有些孩子觉得聚会和拜访很困难的一个原因是，他们还不太清楚别人对他们的期待是什么。因此，当你想把孩子介绍给某人时，他可能会突然躲到你身后去。你们可以在家里练习这些事。教他在别人想认识他时可以说些什么，练习如何坚定有力地握手。做这些事的目的不是要他必须表现得很礼貌，这只会增加他的压力，而是为了让他感到更自在，事先让他知道常见的做法并加以练习。顺便还要教教孩子，如果有个阿姨想给他一个热情的吻，而他并不喜欢这样时，他该如何应对。最好再陪孩子提前练习一下，一边躲开一边说道："很高兴见到你，阿姨。"这样他就不会在这种场合下措手不及，也不会还来不及反应就得到一个湿漉漉的吻了。

尽量少纠正孩子

当然，你的孩子可能还是会表现得与众不同，带来一些插曲。如果他弄坏了什么东西或伤害了别人，你必须干预，但除此之外，最好尽量顺其自然。不要说类似"你应该怎么说呀？"或"要用刀叉好好吃饭"这样的话，这只会强化孩子的紧张情绪。

不必每次都带孩子参加

如果你自己非常喜欢聚会，而你的孩子却一点也不喜欢，那就一个人去。让他留在家里由你的伴侣照顾，或者安排一个保姆。这样你可以更加尽兴地享受聚会，而不用一直担心他是否一切都好，同时你的孩子也会过得更舒服。

> 我个人很喜欢聚会，但安妮却非常讨厌聚会，尤其是当人很多而我们不得不一直待在室内的时候。现在我只在天气好的时候带她去参加聚会，因为我知道她可以在外面和其他孩子一起玩。在其他日子里，我会为她安排保姆或玩伴。我宁愿少参加一些聚会但可以开心享受，也不愿频繁地参加聚会却最终败兴而归。

| 自己保持平静

你的孩子首先会观察你来判断某件事是否安全。你表现得越平静和自信，他就会感觉越好。因此，确保自己感到舒适自在。不要担心别人对你或对你孩子的看法。他们邀请你就是因为他们希望你在那里，当然也包括你的孩子。

怎么安排早晨的例行活动，让一天井井有条？

对大多数家庭来说，早晨准时出门已经是一项挑战，但如果你家有个高敏感儿童，那么让所有人都准时做好准备简直称得上是真正的极限运动。一天的开始在很大程度上决定了孩子接下来将如何面对一天的剩余时光，所以没有争吵或压力地开始是非常重要的。下面的一些建议可能会对你有帮助。

| 确保自己已经准备好了

如果你能在孩子起床前做好准备，就能避免很多焦虑。这之后你就可以从容地把孩子叫醒，一起愉快地吃早餐，必要时帮助孩子穿衣服和刷牙，并以平静的态度应对不顺利的事情。

| 确保孩子能够舒适地醒来

有些孩子起床很困难。如果你每天早上都要叫醒孩子，首先看看能否让他晚上早点上床睡觉。如果做不到，最好给他足够的时间慢慢起床。可以把闹钟调早十分钟，或者坐在他的床边，轻轻抚摸他的背或者抱一会儿。如有需要，可以让他喝点水。这样可以促进肠胃活动，使他的身体也苏醒过来。突然的强光或噪声通常不是什么好主意。最好先打开一盏小灯，不要太大声说话，让孩子有时间适应光线和声音。这个过程会为一天的其余时间定下基调，所以这额外的十分钟将是一笔绝对值得的投资。

| 给孩子一个闹钟

对于某些孩子来说，被闹钟叫醒比被你叫醒要好得多。这样感觉不像由别人决定起床的时间。与你叫他们起床的时候相比，他们可以体验到更多的控制感。

| 轮流叫醒孩子

如果你有多个孩子，可以尝试一个一个地叫醒他们。这样，你就可以在他们开始新一天的生活之前轮流给每个孩子一些时间，并且避免在他们起床时因为心情不佳而相互争吵。

| 确保早起的孩子有事可做

如果你的孩子醒得特别早，你比他更早起床也不现实，那么请确保他在你起床前可以自娱自乐。和他商量好他能做哪些事情。准备出一个盒子，里面装上他喜欢的各种有趣的小东西，这样他就可以自己愉快地打发时间了。这将避免他在你醒来之前已经无聊地度过了一小时，然后带着很多的负面情绪开启这一天。如果有必要，还可以教他自己准备简易早餐，这样他就不会在你醒来时已经饿得不行了。你们还可以约定，允许他悄悄爬上你的床，但要让你继续睡，这也是不错的选择。通过这些办法相信你们俩都可以更愉快地开始新的一天。

> 约瑟芬真是只早起的小鸟。她在五点半就完全醒来了。这个时间我实在起不来，但让她一个人起床又会引起很多麻烦。现在我允许她可以爬到我的床上，日子也变得好过多了。刚开始时，我确实对此感到有些烦恼，但自从我真正接受了这一点，我发现这其实是美好的开始。我们

会聊聊天，拥抱。当我去洗澡时，她会看一会儿视频，这样我也能有一些自己的空间。

| 把尽可能多的东西提前准备好

确保早晨少做事情。前一天晚上就放好衣服，摆好餐桌，准备好书包，在晚上而不是早晨洗澡，并且提前做好要放进午餐盒里的三明治。如果你安排得当，早晨就不需要做太多事情，这将大大减少时间上的压力。

| 保持固定的日程

固定的日程可以让孩子知道接下来要做什么。制订日程后，先把必要的事情做完，而剩下的时间就可以让他自己安排了，比如玩耍或看会儿电视。这样，你就不会在最后几分钟里对着孩子大喊大叫，让他必须马上穿鞋，不然就要迟到了。而且，这还有可能促使他更快地完成必要的事情，因为这样就会有更多的时间来做别的事。

| 让孩子自己选择衣服

如果你还在为孩子穿什么衣服和他争吵，看看你是否可以放手让他自己选择。大多数孩子完全有能力决定自己要穿什么。如果他因为需要花费太多时间考虑，那就让他前一天晚上选好衣服，并按正确的顺序把衣服摆放好。你可以给衣柜分区，一边放好所有他上学可以穿的衣服，一边放适合在家或外出玩耍时穿的衣服。这样他就有了自行决定穿什么的空间，你也能避免让他穿着破烂的运动裤去上学。

| 让孩子承担准时到校的责任

如果你们早晨赶时间是因为孩子需要准时到校，那么当孩子年龄足够大时，你可以让他自己承担这项责任。不必选在你需要赴约的日子里，如果哪天你没有其他安排，就让他迟到吧。这样他自然会体验到负面的后果。如果你对老师感到抱歉，可以在家长谈话时解释一下，告诉老师你正在让孩子学习承担后果，因此他可能会迟到几次。

> 我早上除了催促西姆，什么也干不了。我感觉自己像个警察。有一天，我意识到我把让他准时到校看得太重要了，以至于我几乎把所有责任都揽在了自己的身上。而我越是催促，他就越是懒散。于是我把一周里的约会都安排在了晚一点的时间，并告诉西姆，从现在开始，是否准时到校都是他的责任了。后来他迟到了一次，现在每天早晨都是他催我快点。

| 放轻松

催促孩子不会让事情进展得更快。事实上，你催得越多、越紧，孩子就越会感到焦虑，这反而会让进展变得更慢。当你感觉到自己开始变得焦躁不安，试着慢慢地深呼吸几次，给自己和孩子都留出需要的时间。"欲速则不达"这句话在这里确实是适用的。

| 尽可能保持轻松愉快的氛围

如果你自己就不是一个喜欢早起的人，早晨可能会让你感觉非常煎熬。当你的孩子终于到了学校或幼儿园，你可能会感觉自己已经度过了一整天。如果你能尽量让氛围轻松愉快，并不断提醒自己"只要熬过这一个半小时就好"，这会有帮助。你的想法在很大程度上决定了你对早高峰时段的体验。如果你总是想着"唉，这一切真是麻烦透顶"或者"这个时间就要做这些事，实在太折磨人了"，我完全能理解你的感受，但这些想法对你并没有任何帮助。

如何更好地控制"屏幕时间"？

平板电脑、笔记本电脑、电视，我们的孩子和我们自己都乐于使用这些电子产品。然而，在许多家庭中，这些电子产品的使用引发了很多争执。通常情况下，孩子们总是想花更多时间待在屏幕前，而大多数父母则认为这样不合适。

| 理解上瘾的感受

电视和电脑确实很容易让人上瘾。事实上，它们就是被开发者刻意设计成尽可能让人上瘾的。所以你的孩子对它们难以自拔也就不足为奇了。你可能也会注意到你自己对这些设备是多么上瘾。你查看手机的频率有多高呢？如果你能理解这些电子设备的巨大吸引力，并且对你的孩子感同身受，你的烦恼也会少很多。

| 以身作则

你自己盯着屏幕的时间越少，你的孩子要求使用这些电子产品的情况也会越少。我们都知道，当孩子正玩得开心时，你掏出手机玩，很可能在一分钟之内，孩子就不愿意继续玩乐高而是想玩电脑游戏了。所以说，在屏幕时间这个问题上，这一条也同样适用：你做什么孩子就做什么，而不是你说什么孩子就做什么。

> 当乔伊斯在玩耍时，我其实很喜欢顺便看看社交媒体之类的东西。但只要我拿出平板电脑，乔伊斯就会走过来，因为她也想跟着一起看。现在，我只会拿一本杂志或

者看着她玩耍。起初，我必须对自己非常严格，我比自己
想象的更沉迷于这些设备。但如果我希望乔伊斯少花时
间待在这些屏幕前，那我就必须树立一个好榜样。

| 偶尔一起观看屏幕

孩子在电视上看到的、在电脑上玩到的，和他经历的其他
事情一样，都是他体验世界的一部分。通过更多地了解他的
"屏幕世界"，他就会更觉得你"懂"他，也会更愿意接受来自
你的东西。此外，通过一起观看屏幕，你可以对孩子看什么或
者做什么产生更大的影响。时不时一起在电脑上玩玩游戏，问
问他在电脑上做了些什么，就像你问他在朋友家或学校里的情
况一样。

| 试验放手

对有些孩子来说，如果让他们自己决定如何使用各种设备，
效果会更好。许多家长心中都有一个固定的屏幕时间，一旦孩子
超过了这个时间，他们就会担心情况变得越来越糟。在某些情况
下确实如此，但如果有很多其他有趣的事情可以做，事情通常会
自然而然地顺利进展。你可以尝试完全放手一两周。提前和他
讨论规则，并在两周后安排一个时间来讨论效果如何。

| 让没有屏幕的生活变得更加有趣

在电脑或电视上，你总能不费吹灰之力就体验到各种事情。只需按下按钮，整个世界就会为你打开。所以，当孩子感到无聊时，会很自然地选择这些设备，这也是合情合理的。"让他们稍微无聊一会儿，他们就会变得有创造力"这样的育儿建议主要在周围没有屏幕的情况下才能奏效。因此，要确保有足够多有趣的活动，让没有屏幕的生活变得更有吸引力。多和孩子一起玩，或者陪他解锁更多体验。

| 共同达成约定

对某些孩子来说，完全放手让他们自己玩是行不通的。他们会完全迷失在屏幕里，或者变得昏昏沉沉，一整天都状态不好。此时你可以怎么做呢？

孩子大部分的挫败感通常并非来自屏幕之争本身，而是来自"被别人决定可以看多长时间以及什么时候能看"这件事。这与他对掌控感的需求是冲突的。因此，在屏幕时间方面，和孩子共同达成约定会更有效，就像在第 4 章中讨论的那样。

| 将约定可视化

例如，你可以给孩子一些卡片，每张卡片代表他每次可以使用屏幕的时间。如果说好了他每天可以有一个小时的屏幕时间，你可以给他 4 张卡片，每张卡片代表 15 分钟。通过这种方式，他就可以自己决定如何以及何时上交这些卡片。这样，他自己就能拥有一定的控制权。

> 在我们家，我们先是尝试了一段时间完全放手不管，但拉夫几乎一直坐在屏幕前。经过长时间的谈判，我们达成了约定，孩子们每天可以有一个小时的屏幕时间，周末则是一个半小时。拉夫当时提出我应该每十分钟做一个小标记。起初我需要非常仔细地记录，但过了一段时间后，这个方法就自然而然地运作得很好了。

帮助孩子完成转换的过程

对许多高敏感儿童来说，关掉电脑去做其他事情是一个太大的转换。因此，即使你已经和孩子在屏幕时间上达成了良好的约定，但关掉电视或电脑对他来说可能仍然是非常困难的。只是简单地说一句"时间到了"是不够的，我们需要动更多脑筋帮助孩子完成两件事情的转换。

选择一个自然的时机关掉屏幕

在电视节目或电脑游戏的中途关掉屏幕当然是非常令人讨厌的。因此，在时间结束前几分钟就去找你的孩子，告诉他时间快到了。一旦节目结束、过关成功或者失败了，就告诉他现在需要关掉屏幕了。如果稍微晚了几分钟，也没什么关系。如果时间早了几分钟，孩子对此有意见，你可以告诉他下次会把这几分钟给补上。如果你真正做到了与他合作，你也会发现他会越来越少地纠结这件事。他会开始理解，有时候时间会长一点，有时候会短一点，正是因为你选择了对他来说最舒适的时机。

| 认可情绪

当然，你的孩子可能仍然会因为屏幕时间结束而感到非常沮丧。这是很正常的。当你不得不停止做自己非常喜欢的事情时，你也可能会感到难过，即使你知道这样做是更好的选择。认可这种感受最简单的方法就是用语言把它表达出来。例如，你可以这样说："你很沮丧，对不对? 你刚才玩得正开心呢。"或者："你肯定希望可以整天看电视。"这样可以让孩子感觉到自己是被理解的。

| 设置闹钟

对于许多孩子来说，如果是闹钟告诉他们时间到了，而不是你亲自告诉他们，感觉会好很多。毕竟人不能对闹钟发脾气。你还可以使用计时器。这样，关闭的时刻就不会显得那么突然了。

| 提前准备一些有趣的活动

对于很多高敏感儿童来说，从屏幕转换到闲暇时间是一项几乎无法完成的任务。光是嘴上说让他去做这个或那个往往是不够的。因此，提前准备好一些他喜欢做的事情，或者和他一起简单做些活动。通常只需要几分钟的时间，就足以让转换变得更加容易。一旦转换的过程完成，他们通常就能很好地继续进行其他活动了。

> 卡莲其实并不是特别喜欢看电视，她自己也知道这一点，但她就是没法把电视关掉。我完全能理解她，因为我晚上也总是在电视机前坐很久。现在我通常会在节目快结束的时候坐到她旁边，一旦广告出现，我就会告诉她我想和她一起玩游戏，或者把她正在看的书放在她面前。这正是她所需要的推动力。

| 适度地看电视也是一种放松方式

对很多高敏感儿童来说，看电视也是一种放松的方式。由于他们在日常生活中会经历许多刺激，看电视相对来说可以让他们放松。因此偶尔使用电子产品是完全没有问题的，很多高敏感儿童的父母也很认同这点。不过，我们应该意识到这里有一个平衡的问题，过长的屏幕时间肯定无益于真正的放松。这些电子产品仍然会给孩子带来很多刺激。许多父母也会注意到，如果孩子盯着屏幕看了太长时间，最终会变得更加紧张。

面对不喜欢收拾房间的孩子，该怎么办？

大多数孩子都不喜欢收拾房间。他们更喜欢玩耍，也不像大多数成年人那样重视家里的整洁程度。那么，怎样才能让你的家保持适宜居住的状态呢？

｜　一起收拾

一起收拾要比一个人收拾有趣得多，如果你们还能在收拾的过程中愉快地聊聊天，这就会成为一个增进联系的好时机。在过去，最好的谈话往往是在洗碗时进行的。当你们一起做事时，孩子会更容易开口交流。此外，孩子们也能通过这种方式学到，共同完成任务和互相帮助是很正常的。

> 在一天结束的时候，我们会有一个"收拾一刻"的活动。这时我们会放一些愉快的音乐，一边把玩具扔进收纳箱，一边跳各种滑稽的舞步。收拾房间曾经是一件枯燥乏味的苦差事，现在反而成了一天中最有趣的时刻。萨

拉偶尔会大喊："我不想收拾房间。"我回应："好吧。"那就由巴斯（她的弟弟）和我来收拾。通常不到三分钟她就又会加入我们了。

| 利用内驱力

增加内驱力的方法之一是让收拾变得有趣，因为大多数孩子对做有趣的事情都有很强的动力。

这里有一些点子：

- 使用歌曲：播放一首有趣的歌曲，并把在歌曲结束前收拾好所有东西。

- 把它变成比赛：把玩具分成两部分，让孩子收拾一半，而你收拾另一半。或者说："看看你们能不能在两分钟内把所有东西收拾好。"最好让孩子们在这种比赛中一起合作，而不是相互竞争，因为后者往往会带来更多问题。

- 把它变成游戏：制作一些写有数字的小卡片。你的孩子拿到一张卡片后，必须按照卡片上的数字把相应数量的物品收拾起来，然后才能拿下一张卡片。当然，速度要尽可能快，你也要在一旁大声鼓励。

- 让孩子看到这样做的好处：增加内驱力的另一个方法是让他了解收拾玩具的好处。准备一些漂亮的箱子，让他可以把玩具分类放好，这样他就可以很轻松地再次找到所有东西，向他说明这就是把所有东西收拾整齐的方便之处。（对大多数孩子来说，"我快被这堆乱七八糟的东西搞疯了"并不是一个有力的理由。）

多正向表达

你可能也并不总是喜欢收拾房间。也许你会经常这样喊道："我总是要收拾你的烂摊子。""我快被这堆乱七八糟的东西搞疯了。"或者："我好像整天都得跟在你屁股后面收拾。"你很可能已经注意到了，你的孩子并不怎么在意这些话。这样说唯一能达到的效果就是强化他对收拾房间的负面联想，从而使他更加没有动力去做这件事。

> 多年来，我一直非常讨厌收拾房间。我真的成了那种总是喜欢发牢骚的母亲。"把那些乱七八糟的东西收拾一下。""不要总是把衣服到处乱扔。"在某个时刻，我甚至都开始厌倦自己了。于是我下定决心，再也不说这些讨厌的话了。毕竟，抱怨并不能使现状发生改变。

| 确保任务是可掌控的

对于一些高敏感儿童来说，过多的玩具超过了他们注意力的范围。由于他们敏锐的感知能力，他们在收拾时会一次又一次地分心，重新投入玩耍中。因此，你可以策略性地把需要收拾的东西分成不同的部分。比如说："你来收拾娃娃，我来收拾积木，然后我们再整理剩下的。"

| 偶尔帮孩子收拾一下

有些时候，你其实知道自己对孩子要求太多了，因为他可能已经非常疲倦，或是受到了过多的刺激，或者因为他最喜欢的节目还有三分钟就要开始了，而他一时没想到这件事。这时可以说一句："亲爱的，你放心地去吧，我来帮你收拾。"这并没有什么不妥。你不需要担心这样会把孩子惯坏。你做什么孩子就做什么，而不是你说什么孩子就做什么。他们看到你为别人做了好事，就会记住这件事。下次，他们也会更愿意来帮助你（或其他人）。

| 彻底撒手不管一次

选择一天的时间，在这一天完全不收拾房间。所有人都不用收拾，随心所欲地摆放所有东西，越乱越好，就这么彻底撒手不管一次。许多孩子很快就会意识到，这种状态其实一点都不舒服，之后他们就会更有动力去收拾了。

高敏感孩子的上学策略

对高敏感儿童来说，上学是一种相当沉重的负担。有些孩子在学校表现很好，但这是他们付出努力才得来的结果，他们经常会因此受到过度的刺激。还有些孩子在学校根本无法表现良好，因为学校对他们的要求实在太多了。

| 在学校可能会遇到的困难

对于高敏感儿童来说，学校里的一天可能会遇到很多困难的事情。首先，学校里当然会有很多刺激的事情。一间教室里有几十个孩子，他们会发出很多声音，有各种不同的气味，孩子们经常会互相碰触，还会有各种情绪。所有这些加在一起，就可能已经把孩子的"水桶"装得满满当当了。除此之外，学校还有很多必须做的事情。对于那些对掌控感有很高需求的孩子来说，这一点有时会是很大的负担。再者，孩子们在学校通常也很难感受到真正的联系。高敏感儿童希望能与老师建立这种联系，但老师必须把自己的注意力分配给全班同学。

| 选择一所好学校

不同学校在对待孩子的方式上存在很大的差异。一些学校会试图评估孩子的需求，也会探索可以如何调整以促进孩子顺利发展。还有一些学校则更侧重于提供统一的教育内容，期望孩子可以跟上并适应学校。如果发现孩子适应困难，他们更倾向认为是孩子有问题。这是你在选择学校时要考虑的最重要的因素。如果有一所学校会真正关注你孩子的需求，你们就能一起找到几乎所有问题的解决方法。此外，了解孩子自身的情况和需求也很重要。如果孩子对可预测性有极高的要求，那么一所经常有外出活动或临时安排的学校可能就不太适合他了。如果孩子很容易受到刺激的影响，那么一所允许大家整天大声讨论的学校可能会让他难以应付（除非他也可以在那里戴上耳机等）。如果你的孩子非常需要掌控感，那么相比那种把一切都提前安排好的学校，一所允许他自己参与学习规划的学校会更有助于他的成长。你可以提前做好调查，预约一次面谈，参加家长说明会，尤其可以在上课时间去体验一下学校的氛围。

丽莎对安静和可预测性有很高的要求。我们参观了三所学校。第一所学校看起来是最有趣的，他们开展了许多有创意的活动，老师们都很热情，而且一些朋友的孩子也在那里，他们都表示非常满意。当我们第一次预约时，负责人生病了，但没有人打电话通知我们。接待我们的人匆忙去找了另一个人。那位老师说："这种情况确实时有发生。不过不用担心，我们很灵活，肯定会解决的。"随后，我们愉快地参观了学校，而且交流得很好。我本想立即把丽莎送到那里，但最终我们决定让她去了另一所学校。那所学校看起来似乎更无聊一些，但那里更加安静，可预测性更强。这正是丽莎真正需要的。

| 如果你已经做出了选择

当然，在你读这本书的时候，你的孩子很可能已经上学很长一段时间了。如果他现在在学校过得很好，那么显然你已经做出了正确的选择。如果他在学校并不顺利，那就采取行动。与老师沟通，看看可以做些什么来解决问题。解释你的孩子需要什么，以及他会在哪些方面遇到困难，并询问学校有什么可以在这些方面支持他的办法。一所好的学校会与你一起思考，并愿意与你一起寻找解决方案。为了帮助你更好地进行对话，这里列出了一些在学校里可能会对孩子有帮助的措施，给你提供一些启发。和老师一起看看你的孩子需要什么，以及哪些方法在学校里是可行的。

- 创造安静的环境：如果你的孩子在学校感觉焦躁不安，以下事物可能会有帮助。

☑ 提供一个隔板，当你的孩子需要高度集中注意力时，可以在隔板后学习；

☑ 一副耳机，可以隔绝外界的声音；

☑ 一个安静的地方，让他可以待在那里休息；

☑ 一个和其他安静的孩子组成的小组；

☑ 一个教室前排的位置，可以减少你的孩子和黑板／老师之间的干扰。

• 增强可预测性：如果你的孩子对可预测性有着很高的需求，以下方法可能会有帮助。

☑ 在黑板上写下日程安排；

☑ 提前一天和老师一起讨论第二天的安排；

☑ 在特殊活动（如运动会、郊游等）前，详细告知孩子会发生什么；

☑ 提前明确告知他会和哪位老师打交道（例如在老师生病需要替换老师的情况下，提前打电话告知）；

☑ 使用计时器，让他知道某件事情还需要多长时间；

☑ 在活动结束前几分钟提前告知；

☑ 明确什么时候可以找老师，什么时候需要孩子独立学习。

• 更多的联系：老师可以通过考虑以下事项更好地满足孩子对联系的需求。

☑ 给孩子安排一个靠近老师的座位；

☑ 多进行眼神接触，多微笑；

☑ 在进教室时（也包括课间休息后）和孩子进行接触；

☑ 定期检查孩子的状况（例如在放学前进行简短的交谈）；

☑ 让孩子和他的朋友坐在一起，从而让他可以和朋友有更多的联系；

☑ 提供一个笔记本，当老师不在时，可以让孩子写下自己的想法。

• 更多的控制感：你的孩子可以通过以下方式体验到更多的控制感。

☑ 可以自行选择如何给必须要做的事情安排顺序；

☑ 可以参与决定必须学习哪些内容；

☑ 偶尔有时间可以（在特定范围内）自主决定做什么事情；

☑ 定期与老师交谈，讨论自己想学什么；

☑ 更多地从经验中学习，而不是听从指令。

• 除了这些，老师可能也会有很多好的建议，此外你也可以申请与校内辅导员或保育协调员进行讨论。

| 必要时转学

如果你感觉自己的意见没有被倾听，感觉自己总是不得不为孩子辩护，感觉老师们没有真正了解孩子的本质，也不愿意一起思考如何调整来让孩子在学校过得更好，那么可以考虑换一所学校。你的孩子需要在学校度过大量的时间，他的个性在很大程度上是在学校里形成的。转学当然是一个重大的决定，但有时是绝对值得的。

> 莫德在学校的情况真的很糟糕。首先，她从来不愿意去上学，经常抱怨肚子痛（但在周末和假期却没有任何问题），放学后也经常情绪很差。于是我们开始和学校沟通。他们说莫德很容易分心，无法集中注意力。但我在家里完全没有这种感觉。恰恰相反，她在家里可以连续花上几个小时看书里的图片、玩黏土或者做手工。老师还说莫德经常固执己见。我知道她有主见，但在家里我们会一起商量，通常也都能达成一致。当我提出这些问题时，老师的回应是，很多孩子在学校的表现就是和在家里不同，他们当然不能在学校模仿家里的环境。第一年里，我们每两周就和老师见一次面，我越来越觉得他们把问题完全归咎于莫德了。有一次，甚至有人提议莫德需要接受检查。我们觉得这实在是太武断了。我们认为他们并没有真正采

取任何措施来帮助莫德。于是我们开始寻找另一所学校。在第一次谈话时，我们就感到如释重负。这里的老师真的倾听了我们的想法。仅仅一次见面后，他们对莫德的了解就比前一所学校在一年中形成的了解要好得多。他们也真的会寻找帮助莫德的方法。她在那里已经待了半年，现在每天早上都是唱着歌去上学的。

| 不要不自信

有些高敏感儿童在学校表现得非常出色。有时甚至好到让作为家长的你开始怀疑，他有时在家里表现得如此不可理喻，是不是因为你自己有问题。然而，你的孩子在学校表现优秀其实并不奇怪。许多高敏感儿童非常希望自己表现良好。他们往往非常清楚别人对自己的期待，因此有时甚至会在学校里表现得比其他许多孩子还要规矩，这并不是什么稀罕事。此外，你的孩子在学校也不会像在家里那样容易放纵。在学校，他们会有所顾虑。你会永远爱他，但他的同学们自然不会这样。他在学校里暂时压抑的挫败感、过度刺激或情绪，都会在他回到家后全部释放给你。无论这有多么令人恼火，这其实是好现象。说明他在你面前感到足够安全，所以才敢于释放所有情绪。

| 为你的孩子提供支持

即使在学校一切都很顺利，孩子也可能会感到负担过重。此时，你需要为他提供支持。放学后他确实需要恢复精力并把他的"水桶"倒空。请考虑他刚从学校回来时可能情绪不佳，当下对他不要抱有太多的期待。让他舒舒服服地做自己喜欢的事情，看会儿电影，或者一起做一些他感兴趣的活动。如果他仍然感到压力过大，可以与学校协商让他额外在家休息一个下午。随着时间的推移，情况应该会有所改善。如若不然，请与学校沟通，共同探讨如何减少对孩子的刺激。

| 向老师寻求帮助

如果你的孩子回家时总是处于受到过度刺激的状态，那就需要做出一些改变。安排一次与老师的会谈，向老师说明可能学校对你的孩子要求过高了，并请求老师的帮助。尽可能让老师可以以轻松的心态帮助孩子，而不要让老师感觉自己受到了批评。向老师解释孩子的特质需求，请老师根据这些信息采取行动。例如，如果你说："您在生气时说话声音太大了，这让维尔莱很难受。"老师可能会觉得自己被攻击了；而如果你说："如果您在纠正维尔莱时用平静的声音说话，并保持平视，效果可能会更好。"老师大概率会欣然接受。

彼得的第一任老师对他的看法与我截然不同。在学校，他表现得非常好。在我们第一次谈话时，老师说："如果班里所有孩子都像他这样，我可以一次带三十个。"当时我告诉她，彼得每天回家后都处于受到过度刺激的状态，情绪非常糟糕，但她暗示这可能是我的问题。她认为，彼得在她那里表现得这么好，是因为她知道如何与他相处。她甚至提出我需要育儿支持。我感觉没有任何机会与她讨论学校可能对彼得要求过多的问题。幸运的是，四个月后她休产假了，于是我得以和当时来代班的老师讨论我所有的担忧。她甚至问我："你认为我能做些什么来帮助你呢？"现在，她每天都会为彼得安排几次休息时间，给他更多的控制权，每天也会有意识地多陪伴他。现在孩子放学后的状态变得完全不一样了。他回家时快乐了许多。

| 不要偏袒任何一方

也可能发生这样的情况：你的孩子在学校表现很好，回家时也不像是受到了过度刺激，但会不断抱怨学校里发生的事情。此时最好意识到，他通常只是想倾诉而已。按照第 5 章所述的方式尽力倾听，然后到此为止。不要说诸如"是啊，芭贝特那样做太傻了，我也觉得不好"或者"哎呀，老师这样真不友好"之类的话。你不需要为了接受他的感受而同意他的观点，也不要为其他孩子或老师辩护。你不需要对这些事有任何意见，只要在他身边陪着他就好。

只有当他经常带着同样的困扰回家时，再问问他是否想做些什么来解决这个问题，以及具体想要怎么做。他是想自己和老师讨论，还是希望你和他一起去并让他自己说，还是希望你来和老师讨论让他在旁边听着？如果是最后一种情况，问清楚他具体需要讨论什么，以及他希望发生什么样的改变。通过这种方式，你可以在他身边帮助他，又不至于对所有事情都大包大揽。

要是你对学校里发生的事情有疑虑，可以在孩子不在场的情况下与老师讨论。如果你对学校的印象不太好，但又无法转学，请尽可能尝试以积极的眼光看待学校。因为一旦孩子感觉到你不信任学校，这对他一点好处都没有。你毕竟还得把他送到那里去。

线下购物，需要注意些什么？

我在几年前写这本书的时候，送货上门的服务还不像现在这么普及。当时许多父母都会为带高敏感儿童购物的问题感到苦恼，这也是我写出以下建议的原因。当然，现在有很多父母会选择直接线上购物，但如果你仍然喜欢亲自去商店购物而且

（不得不）需要带上孩子，请继续阅读下面的内容，看看有什么可以帮到你的。

| 选择合适的时机

在一天结束时去采购显然是自找麻烦。此时你的孩子已经很累了，他的"水桶"可能已经装满了。所以最好在他状态良好的时候和他一起去商店。另外，最好避免在人很多的时候去购物，因为这会给孩子带来更多的刺激。

| 必要时带一些健康的食物

带着饥肠辘辘的孩子去商店并不是一个明智的选择。提前准备一些健康的食物，在必要时带上米饼或一些葡萄干，在他说饿的时候可以拿给他吃。

| 讨论要买什么东西

如果你经常因为买什么的问题和孩子发生争论，那就提前做好准备。在带他一起去商店之前，先讨论一下你们要买些什么。例如，可以和他一起列一个购物清单，询问他有没有想要的东西。这样，你们就能在一个平静的时刻讨论购物清单的内容。一旦到了商店，就只购买清单上的东西。如果他随后又说自己非常想要其他东西，你可以告诉他下次再讨论这件事。"哦，好的，亲爱的，我看到了。那些看起来确实很好吃。今天它们不在我们的清单上，我们可以下次再讨论。"

> 去商店购物真的一点也不愉快。我们一进门，布拉姆就开始吵闹。"妈妈，我要那个！"之类的话不断重复。整个过程中我什么也做不了，只能不停地说："不，亲爱的，我们不买那个。"等我们到达收银台时，我们两个都感到烦躁至极。现在我们会一起提前列出购物清单。布拉姆刚刚学会阅读，所以这也是一个很好的写作练习。当我们在家讨论这些事情时，他也更能听进去我不买某些东西的理由。一旦到了商店，我们就只买清单上的东西。

理解你的孩子

商店就是专门为了让你尽可能多买东西而设计的。大多数超市的布局都很相似。你通常会从蔬菜区开始，最后抵达糖果区。这样做的原因是，消费心理学家知道你在购物开始时处于最佳状态，因此不会轻易屈服于各种影响，而在购物快结束时，你已经受到了很多刺激，几乎不可能抵挡广告的诱惑，对高敏感儿童来说尤其如此。因此，孩子开始吵闹是完全正常的。不要因此生气，而是表示理解。"我明白，亲爱的，它们看起来确实很好吃。我们现在不能买这些，你肯定觉得很遗憾，是不是？"然后试着转移他的注意力。"来，告诉我，咱们的清单上还有什么没买的?"或者:"我们还需要买卫生纸和面包。你来选吧。"

教给孩子市场营销的知识

你的孩子越了解市场营销的运作方式,就越不容易受其影响。你可以经常向他解释营销运作的原理:"是啊,这个看起来很漂亮,是吧? 你知道这个包装和那个包装里面的东西是完全一样的吗? 所以他们其实是在糊弄人呢。幸好咱们不会上当,对吧?"通过经常进行此类对话,你就可以和你的孩子站在同一战线上,共同对抗"那些竭力想要影响我们的人",而不用成为那个总是什么都不许的烦人爸爸或者讨厌妈妈。当然,你也可以在完全不同的时刻讨论这些话题,比如一起坐车或外出散步时。注意不要使用说教的语气,语气非常重要。

佩德罗对广告非常敏感。他总是什么都想要。每当他看到一个广告,他都会大喊:"我想要那个!"每次去商店的时候,他都吵闹不断。后来我索性就不带他一起去了。有一天,他在电视上看了一个节目,里面解释了广告是如何运作的。我们当时就顺着这个话题展开了讨论。现在我们把"绝对不买不需要的东西"变成了一种活动。最近,当我站在那里犹豫要不要买一盒广告里出现过的甘草糖时,他对我说道:"别买,妈妈,你平时也不吃这些甘草糖。别上当了。"

| 让孩子承担责任

如果你的孩子有重要的事情要做，他的注意力就会集中在这些事情上。让他负责核对购物清单上的项目（如果他还不识字，可以把需要购买的物品画出来），给他一个小购物车，让他选蔬菜，或者让他去拿一部分杂货。这样做当然会比你一个人做这些事要花费更长的时间，但这也是把你与孩子联系在一起的时间。不要把这当作一个需要尽快完成的任务，而是更多地将其视为你们一起度过的一次愉快的出游。如果你有多个孩子，而这种方法一开始效果不佳，你可以先轮流带他们去购物。一旦他们每个人都有过几次成功的超市购物经历，你就可以带他们一起去了。

| 避开排队时的营销套路

商店里最麻烦的时刻往往是在收银台前排队结账时。那些设计了商店其他部分的营销人员，也在这里倾注了他们更多的精力。因此，排队的地方通常摆满了各种高糖零食和色彩缤纷的小玩意。这些都是特别能吸引孩子的东西。此时你可以用其他事情来吸引孩子的注意力。与他一起，让他把物品放到传送带上，如果他已经足够大了，可以请他去把你（碰巧）忘了拿的苹果快速拿过来。

买衣服也是件有挑战的事情

由于各种原因，带着高敏感儿童买衣服可能是一件相当棘手的事情。首先，购物本身就是一项容易给他带来过度刺激的活动。嘈杂的音乐、明亮的灯光和拥挤的人群，都是不利因素。然后他还得试穿，令人发痒的标签、错位的接缝和粗糙磨人的面料都会让他很难把注意力集中在衣服或鞋子本身上。而且即便你已经成功通过了这些挑战，买回来的东西会不会因为不够舒服被扔在衣柜里再也不穿，还是个未知数呢。因此，如果你希望和孩子一起成功地买到衣服，就需要注意以下几点。

| 提前讨论要买什么

事先讨论你们当天要买什么会有所帮助。你们是要买三套新衣服和一双鞋子，还是只能买两件新 T 恤？这样就可以避免当场争论。你们也可以提前商量好要去哪些商店以及什么时间休息。

| 选择合适的时机去

尽量选择一个孩子没有其他事要做的日子，这样当你们去购物时，他的"水桶"就能是空的了。还要选择不太忙的时间去，并且考虑你们如何前往购物地点。如果你们要先花很长时间找停车位，然后还要走一段较远的距离，那么在真正开始购物之前，他的"水桶"里就已经有很多"水"了。

| 只买你们双方都喜欢的东西

你的孩子要穿这些衣服，而你要付钱买这些衣服。因此，你们两个人都应该对购买什么衣服有发言权。想要确保这一点，最简单的方法就是约定好只购买你们都喜欢的东西。当然，如果你能在这方面表现得灵活一些，那就太好了。问问自己，女儿想穿印着凯蒂猫的裤子，儿子想穿印着蜘蛛侠的 T恤，能有多么糟糕？归根结底，让他对自己的穿着感到舒适，比你经常暗示某些衣服"真的不能穿"更能增强他的自信心。

在我看来，萨宾的品位非常糟糕。她挑的东西总是我觉得最丑的。她倒是能接受我不给买那些东西，并且我们总能找到一些我们俩都喜欢的东西。但在某个时刻，我开始反思自己对她穿着的挑剔。后来，我在这方面变得宽容多了。我会考虑衣服的实穿性，并保证要买的衣服都在预算范围内，但除此之外我就放手不管了。我让她随便选购自己喜欢的东西。结果，她总是神采奕奕地走来走去。在她的朋友圈子里，她也是唯一一个从不对自己的着装感到不自信的人。

| 让你的孩子好好感受一下衣服是否舒适

当你的孩子穿着一条新裤子兴高采烈地站在你面前，但你知道他相当敏感，那么一定要问问他是否真的觉得这条裤子舒服合身。一起看看衣服上有没有什么会让他感觉不舒服的地方。如果你决定要买什么东西，回家后不要急着把标签剪掉。让他穿着新衣服在家里玩上一个小时。如果他依然觉得舒适，那就是买对了，否则还可以把衣服退掉。

| 如果某件衣服穿起来很舒服，不妨多买几件

如果你的孩子非常敏感，找到舒适合身的衣服有时可能是一项艰巨的任务。令人发痒的标签、讨厌的接缝、过紧的袖子……有些孩子几乎会对所有东西感到不适。一旦你找到了一件非常舒适合身而且他也喜欢的衣服，就可以多买几种颜色或图案的同款。越来越多的商店在出售有各种花样的同款衬衫或裤子。你还可以考虑买大一号的同款留给明年。

| 留出充足的时间

有些孩子需要先花一段时间来适应新衣服或新鞋子。他们第一次试穿时，总会觉得衣服非常不合适，或者看起来很奇怪。在这种情况下，急于求成通常没有什么好结果，有时候等一等他们就会回心转意。如果你无论如何都要急于说服孩子，那么这件衣服或这双鞋很可能会被丢进衣柜里，再也不会被拿出来穿了。

安妮想要棕色的小靴子，于是我们就去买了。她穿上的第一双小靴子看起来非常漂亮。这双靴子也很像她那天下午指给我看的那张照片。我心想，就它了。她却说："不，太丑了。"在逛了四家鞋店、试了十二双靴子后，我们又回到了第一双那里。我不经意地问道："你想再试穿一次吗？"她穿上后就再也没把它们脱下来，而且她从未对一双新鞋如此满意过。我们度过了一个非常愉快的下午。我不断告诉自己，孩子这么谨慎，就不会轻易把不合适的东西买回家了。

预料到你们可能需要再去一次

不要把标准定得太高，只要看到你们能在愉快的氛围中一起逛街就好。和孩子一起愉快地出行并带回两条让他非常开心的内裤，比度过一个糟糕的下午却买回来了四件 T 恤和三条裤子（结果他都不喜欢）要好得多。这也是有价值的。一旦他和你去过几次，而且每次都有非常开心的体验，他或许也会开始期待这样的购物之旅。

让孩子先处理失望情绪

一旦你的孩子看上了那双紫色鞋子，而你却不愿意买，或者那双鞋压根没有他的尺码，那他很可能会觉得之后看到的其他所有鞋子都很糟糕。此时他需要一些时间来处理自己失望的情绪。在这种情况下，你可以选择下次再来，或者中途做些其他事情，比如去喝点饮料或吃个冰激凌，直到他完全接受不能买那双紫色鞋子的事实，然后再去看看其他的鞋子。

"哦，妈妈，我想要那双！"西斯在看到的第一双鞋子时就这样喊道。"哇，"我心想，"这次似乎很容易呢。"不幸的是，这双鞋没有他的尺码。他看起来很伤心，但似乎也接受了这个情况，于是我们兴致勃勃地开始寻找其他鞋子。他试穿了十四双，但他觉得它们都很糟糕。我们回到家后，他向父亲大声抱怨第一双鞋没有他的尺码。一周后我们又去了一次，这次我们只用了不到十分钟就买完了。

线上购物，并在放松的时刻试穿

当然，你也可以选择直接在线上购物。这样既省时又省事，没有任何刺激因素会分散孩子的注意力，而且你还可以更容易地选择孩子心情舒畅的时机试穿。一起线上购物吧。这将为你自己和孩子都省去很多麻烦。你还可以每次只让他试穿一件，他也不必反复穿脱衣服十次了。

> 梅斯非常讨厌试衣服。有一次,我带他一起去城里购物,结果非常糟糕。他足足抱怨了一个半小时,最后累得要命。现在我们什么都在线上订购。他非常喜欢这样。当包裹送达时,他总是第一个跑到门口。我们可以悠闲地查看所有东西,他也可以在任何他喜欢的时间试穿衣服。我不得不放弃和孩子一起进城逛街的想法,但这样对每个人来说都更好。

如何让看医生变得不那么可怕?

对于任何孩子来说,看医生和接受治疗都不是什么有趣的事情。但是对于高敏感儿童来说,情况可能很快就会变得非常夸张。只是定期去看医生或看牙医就可能让你的孩子感到极度恐惧(哪怕并没有发生任何会引起疼痛的事情)。而如果你的孩子只是胳膊肘被撞了一下就会发出仿佛胳膊断了一般的尖叫声,那么抽血当然就是一件非常可怕的事情了。因此,多做些准备肯定没有什么坏处。

选择一位对孩子友好的医生或牙医

好的医生或牙医是一回事,对孩子友好的医生或牙医又是另一回事。找一找附近对儿童最友好的医生或牙医，这件事确实值得你付出努力。

经常在拜访医生或牙医时带着孩子

当你去拜访医生时，尽可能带上孩子，比如在你有预约或者当你要带他的兄弟姐妹去看病的时候。他越熟悉环境，等轮到他自己的时候，他就越不会害怕。你也可以带他去医院走走。不去游乐场，而是在医院里逛上一小时。那里有各种各样的东西可以看，而孩子们通常会很有兴趣了解周围发生的一切。

尽可能让一切变得有趣

在看医生和牙医的过程中总有一些时刻并不那么有趣，而且因为需要候诊等等，你们还会有大量的等待时间。充分利用这段时间，玩游戏，讲笑话，或者唱首歌。与其让孩子一个人玩积木而自己在一旁读书，你也可以选择一起搭积木并愉快地聊聊天。

> 我不得不经常带着乔迪去医院。这件事总是会给我们带来巨大的压力。其实每次只是做个小检查，本身并没有什么严重的，但我们都会把它当成一件很讨厌的事情。直到有一次，我在医院里看到另一位母亲带着她的孩子，他们玩得不亦乐乎。他们在走廊里翩翩起舞，不断为了对

方的笑话捧腹大笑，结束后还去吃了冰激凌，仿佛这一切是一场大型派对。从那时起，我也开始让一切变得有趣起来。当护士告诉我们一年之后才需要再来时，我们几乎都要感到失望了。

| 坦诚告知你知道的情况

当你带着孩子去看医生时，如果你不知道医生会做什么，就坦诚地告诉孩子。如果你和孩子说医生只会看一下他的耳朵，结果却需要做一个指尖采血检查，这会损害孩子对你的信任。此外，如果某个项目会疼，那就不要说不会疼。当然，你也不需要夸大其词，只需坦诚、中立地告诉孩子即将发生什么事情。

| 给孩子一些时间

对医生和牙医而言，候诊室里挤满了病人，他们自然希望把一切尽快处理完。不要因为这种情况感到有压力和紧张。给孩子一点时间。否则孩子往往只会变得更加恐惧，让诊断和治疗花费更长的时间。因此，现在放松一些不仅是为了你和孩子的利益，也是为了医生的利益。"好的，宝贝，医生现在想听听你的肺部情况。你准备好了就说出来。"这样就给了孩子更多对自己身体的掌控感。

| 帮孩子做好准备

确保你的孩子尽可能多地了解等待他的是什么。提前告诉他将会发生什么事情，最好能重复几次。他往往不会一次记住所有的事情，所以如果你只跟他说一次，他仍然可能会面临一些意外。如果有必要，可以在图书馆找一些书籍，也可以找几个有趣的视频（关于某些医疗程序的剧集）。但一定要自己提前看一下，确保里面没有任何令人紧张的内容。

> 索菲必须去牙医那里补牙上的一个洞。说实话，我们把这件事忘记了。直到前一天晚上我们才意识到她必须要在第二天早上八点半去看牙医。我们觉得让她在毫无准备的情况下去那里似乎有些不负责任，所以开始考虑重新安排预约时间。索菲听到我们的谈话后说道："没关系的，我已经在视频里看过一百遍，知道那是怎么一回事了。我能行的。"

| 与孩子有选择性地沟通

让你的孩子知道将会发生什么是很重要的，但只需告诉他那些他在意识清醒时会经历的部分就可以了。不要详细解释当他处于麻醉状态时会发生什么事，或者医生会在他背上刚刚打麻醉的部位做些什么。简短说明这些事情即可。正所谓，不知者无畏，我们也没必要让他徒增烦恼。

| 确保你自己充分了解情况

充分了解即将发生的事情。请医生详细解释一切。你们应该在哪里等待，谁来接你们以及何时会来接，你的孩子应该穿什么衣服，对你有哪些要求，你可以陪他到什么时候，他们会如何处理孩子情绪不稳定的情况。如果在了解过程中，医生有一些需求，但你认为不太适合你的孩子，可以有针对性地沟通。如果无法改变情况，那你就接受这一点。不同医院对待特定治疗程序的处理方式是有差异的，所以如果你真的对某些事情感到不妥，也可以考虑转到另一家对儿童更友好的医院。

> 当我们最大的孩子需要接受麻醉时，医生允许他坐在我的腿上。我觉得这是非常合理的，而且我以为情况一直都是这样的。几年后，当我们最小的孩子需要做手术时，我们被告知会由护士抱着她。我们就这个问题进行了相当多的讨论，但他们的态度很坚决。我们只好接受了这个决定，但无论如何，我很高兴自己做好了心理准备。

| 不要当着孩子的面争论

一旦治疗或检查开始，就把孩子交给专业人士。从医学角度来说，对你孩子有益的事情并不总是和你作为家长会做的事情相符合。如果你当着孩子的面和医生争论，这对孩子没有任何好处，因为这可能会让他觉得医生是不值得信任的。这显然只会让他感到更加恐惧。

| 不要代替孩子承担

作为父母，看到自己的孩子感到痛苦或恐惧，当然是一件非常难过的事。你可能宁愿代替他承受这些痛苦。当然，这是不可能的，但有些父母确实会在某种程度上尝试这样做。例如，他们可能会极力分散孩子的注意力或者鼓励他振作起来，又或者试图去承担孩子的情绪。尽管这确实很让人难受，但这是孩子必须自己经历的事情，你能帮助他的最佳方式就是把这件事交由他处理，并传递出对他的信心，相信他能做到。

| 处理"创伤性"事件

如果你的孩子经历了一些严重的事情，比如接受了麻醉或者疼痛的治疗，看看你是否能够帮助他把自己的感受表达出来。一些孩子可能会主动谈论自己经历的事情。那就让孩子尽情地说吧，不要打断他。如果他不愿意说，你可以看看他是否愿意把它画出来，或者在日记中把发生的事情写下来。还可以邀请爷爷奶奶等人过来，让他可以向他们倾诉自己的经历。在治疗结束后，一起阅读有关孩子经历的书籍以及观看相关的视频通常也会有帮助。观看他在住院期间的照片也可以帮助他处理情绪。模仿在医院的经历也有助于消除紧张。试着在一段时间里多玩几次医院的游戏。可以由你或你的孩子扮演医生，也可以用玩偶来角色扮演。还可以夸大某些事情或添加幽默元素。比如一个孩子一直在从可怕的医生手中逃脱，或者一个医生正准备在病人的耳朵上做手术，而这个病人其实是脚有问题，总之越荒唐越好。通过一起开怀大笑，你的孩子可以释放许多恐惧。

| 尽量保持冷静

在这种情况下，你能为他做的最重要的事情就是保持冷静。你的孩子需要全神贯注地关注自己，此时对他而言最有帮助的，是能够陪伴在他身边支持他、向他传递平静和信任的父母。如果你非常激动或者恐惧，你的孩子就会感受到这一点。他还不得不处理你的情绪。与其安抚你的孩子，让自己平静下来才是更重要的。

| 分散注意力

在治疗过程中，你可以时不时地分散一下孩子的注意力。特别是在治疗时间较长且情况不太严重的情况下，如果你能试着把他的注意力引到其他地方，对他来说可能是件好事。可以给他读读书，讲讲奇怪的故事或唱唱歌。如果情况比较严重，让他把注意力集中在这件事上往往效果会更好。在这种时候，分散注意力已经不再可能，而且他也需要精力来熬过即将发生的事情。当然，什么才算是真正严重的情况，对不同的孩子来说也各不相同。一个孩子会因为有人给他冲洗耳朵就感到非常紧张，而另一个孩子则在抽血时连眼睛都不会眨一下。因此，请仔细观察你的孩子到底需要什么。在治疗过程开始之前和结束之后，最好记得处理孩子出现的情绪，在第 5 章中，你已经了解了如何应对情绪。你也可以在这里应用这些知识。特别需要注意的是，在经历了激烈的事件过后，出现情绪反应是非常正常的。他在治疗过后的一段时间里越能把自己的情绪表达出来，这些情绪就越不容易生根发芽，不会在未来以梦魇、尿床或叛逆行为的形式表现出来。

| 教孩子如何最好地应对

当你的孩子不得不经历疼痛或可怕的事情时，教他如何最好地应对。教他将注意力完全集中在自己的呼吸上，保持冷静，并接受疼痛或恐惧。在实践中，这是一件非常困难的事。你可以通过交谈来帮助他。不过，最重要的是你自己也要保持冷静。告诉他要深深地吸气，尤其注意要放慢速度，让他在呼气时放松整个身体。活动脚趾也可以帮助他将注意力分散到全身。通常情况下，你只会在一个位置感受到疼痛，但是如果你因此而绷紧了身子，疼痛就可能会完全占据你的身体。你显然不会希望这种事发生，因为这会让你的孩子陷入恐慌。"来吧，亲爱的，慢慢吸气。很好，现在再慢慢呼气。你能行的。试着放松身体。继续把注意力集中在呼吸上。再次吸气……"你也可以提前练习一下。用手牢牢握住将要接受治疗的部位并练习呼吸。如果你注意到你的孩子想要将你的手推开，就向他解释在治疗过程中也会出现这种情况，而且最好这样呼吸来缓解不适，熬过这个过程。

| 让孩子想象自己是超级英雄

对于有些孩子来说，把自己想象成超级英雄会有帮助。超级英雄拥有超能力，确保他可以忍受疼痛。（不要说超级英雄能让他一点感觉都没有，因为如果孩子确实感觉到了疼痛，超级英雄就自然会失去可信度。）一旦情况变得令人紧张或痛苦，你的孩子就会发动他的超能力。

在度假前，该做哪些准备？

度假的意义在于充电、享受和共度美好时光。遗憾的是，与高敏感儿童一起去度假也可能产生许多麻烦。你往往需要付出额外的努力，才能让事情顺利进行。

| 提前讨论想去哪里

在度假之前，讨论一下每个人的愿望。度假是大家一起去的，目的当然是希望每个人都能玩得开心。认真对待孩子的愿望，并解释你自己想在假期时做些什么。想想如何安排假期，让大家都享受乐趣。如果你喜欢冒险，你的伴侣喜欢宁静，而你的孩子最想要的是一个游泳池，那么这些事情都可以协调安排，只是你可能需要付出更多的努力。最好提前讨论，而不是等到度假时才开始争论要做些什么。与年幼的孩子交谈可能会有些困难，但你通常知道你的孩子喜欢什么，这样你就可以在做出选择时考虑到这些。

| 选择合适的目的地

仔细考虑一下要去哪里。许多度假胜地会给你的孩子带来太多刺激，让他无法掌控，而且他有可能会完全沉迷在这些刺激中。比起娱乐节目繁多、拥挤热闹的露营地，选择小而安静的湖边露营地或森林里的小屋可能会让你和你的孩子愉快得多。即使他真的非常喜欢这类活动，你也可以考虑寻找安静一些的地方。这样的额外好处是，你们之间的争论也会自然而然地变少。毕竟这些地方卖的东西要少得多，不会到处都是冰激凌店或煎饼摊，也没有各种各样孩子可能想要去看的晚间演出。你可能需要花费更多的时间亲自陪孩子一起活动，但不要忘记这才是真正意义上的家庭度假。

"给孩子们准备的这些娱乐活动真不错。"我们当时这样想道。没错，女儿们也确实觉得很棒。但是她们完全被所有的活动迷住了。如果我们想全家一起出游，她们就会因为不能参加迷你俱乐部的活动而非常恼火。我们经常为了她们可以参加什么活动而争论不休。今年我们去了一个小露营地，就在森林中央。那里有一个小湖，我们经常和孩子们一起坐在湖边玩耍。第一天她们还因为没有迷你俱乐部而抱怨，但第二天我们一起建好一艘木筏时，她们觉得这是有史以来最棒的假期。我们也是这样认为的。

| 让孩子先适应一下

对于高敏感儿童来说，从家里到度假地可能是一个非常巨大的转换。在他的视角里，世界真的发生了天翻地覆的变化。因此，要给他足够的时间来适应新情况。首先，和孩子一起探索周围的环境，参观游泳池，绕着露营地走一圈，或者先去海滩吃个冰激凌。作为成年人，我们常常会想要先把所有事情安排好（比如打开行李箱或者搭起帐篷），但当你刚刚抵达时，你的孩子通常很难自娱自乐。可以让你的伴侣负责安排所有的实际事务，而你带着孩子一起去游泳或去海滩（当然也可以反过来）。首先在你的孩子身上投入时间和精力，这会使他和你自己都更快地适应下来。

| 自备个人物品

如果你的孩子非常敏感，自备寝具可能会很有帮助。酒店或帐篷里的被子的感觉和气味都与家里的很不一样，尤其是在孩子睡眠质量不好的情况下，自带的床上用品可以帮助他更轻松地入睡。如果你从家里带一些孩子喜欢的食物，他就可以慢慢适应新的口味。

> 我们去度假的第一年，皮姆连续三天几乎什么都没吃。他觉得所有东西都很恶心。他确实需要一个适应食物的过程。这几年来，我们会从家里带一些东西：一条面包、真空包装的奶酪、一罐果酱和一些蔬菜罐头。刚来的几天，我们大家都是当地有什么就吃什么，但皮姆可以先吃他自己带的东西。我们会鼓励他尝试一些东西，以便他可以在某个时刻加入我们。

| 帮孩子做好准备

提前告诉你的孩子大概会发生哪些事。旅程会有多长，多久停一次车，酒店或露营地是什么样子的，你们会做些什么？查看宣传册，一起阅读网站上的评论，并使用网络地图提前查看周围的环境。这些都会让他更安心。

| 在家里先练习一些事情

有些事情在度假中会和在家里的情况不同。提前练习一下这些事情可能会有帮助。如果你的孩子在度假时需要在海滩上穿救生衣，那么就先让他在家中的浴缸里穿几次，这样他就能体会穿救生衣的感觉了。如果你的孩子们平时总是分开睡在不同的房间，但在度假时又必须睡在一起，那就从现在开始让他们时常试着一起过夜。如果你要去的国家和本国的饮食完全不同，看看是否可以在家里先制作一些特定的菜肴。对他来说完全陌生的事物越少，适应就会越快。

| 提前达成约定

在度假时，许多事情自然都会与在家时不同。当然，很多问题都可以很好地当场解决，但有时提前在家里讨论某些事情也会很有帮助。特别是如果你的孩子总是在情况变化时反复质疑，那么最好在家里就开始讨论。

索菲亚会抓住每次变化的机会，试图改变已达成的约定。比如我们在家里从来没有为睡觉时间争吵过。我们曾经就这件事有一些约定，三年来一直都执行得很顺利。

但去年我们去度假时，她从第一天晚上就开始和我们争论。她想和她的表姐一样晚睡。在这种时候，索菲亚真的非常固执，最后我们只好同意了。第二天，她因为太过疲惫而情绪糟糕，但到了晚上她又想晚睡了。三天后，我们终于成功在这件事上达成了良好的约定，但说实话，我觉得这个过程真的很伤脑筋，尤其是因为我姐姐也对此颇有微词。今年我们提前和索菲亚做好了约定，结果情况从第一天起就十分顺利。

| 即使在假期也确保可预测性

对于一些孩子来说，假期特别难熬，是因为这段时间缺乏条理性。如果你的孩子在家里时非常需要可预测性，那么请注意在度假期间也为他提供这种可预测性。保持一些家里的日常惯例，必要时制订新的日常惯例，并确保日子过得有规律。与你的孩子一起制订假期计划，列出你们想在这个假期做的所有事情，让他也能为计划做准备。如果你早晨突发奇想要去海滩，而孩子却认为他要去露营地和小朋友们玩，那么即便他其实非常喜欢海滩，这种情况也可能导致他产生抵触情绪。

当奥蒂斯 5 岁的时候，我们夏天去法国玩了三个星期。幸运的是，公寓大楼里有一些小朋友可以和他玩，他似乎很喜欢那里。但是几天后，他就开始闹情绪：他不想去任何地方了。当我们去海滩时，我们有时要在车里等待半个小时，因为他不肯穿衣服。参观城镇、散步，一切都不顺利。他变得越来越暴躁。假期结束后，我们讨论了他为什么变得如此暴躁易怒，他表示自己很难忍受没有计划和缺乏条理的空虚的日子。从那以后，我们会更加清晰地讨论度假期间要做哪些事，并让他参与到计划的过程中。

不要经常到处旅行

到处旅行对许多高敏感儿童来说确实是一种过高的要求。总是要不断适应不同的露营地或酒店，不断面对新的环境，不断认识新的人，这些对于高敏感儿童来说确实都是非常大的负担。如果你真的非常想要四处旅行，请确保每次都在某个地方逗留几天，这样你的孩子至少可以稍微适应一下环境。与其每次都住新的酒店，不如乘坐露营车或房车四处旅行。这样一来，许多事物都会保持不变，这样你的孩子就能更容易地应对发生变化的事物。

后 记

　　我写这本书是希望你能从书中认出自己的孩子。在阅读完这本书后，希望你能够更好地理解你孩子的情况，知道他需要什么，以及你如何满足他的需求。希望你能获得一些实用的工具，让你可以和孩子更加愉快地生活在一起。当然，你最了解你的孩子和你们的情况。所以，一定要看看什么才是适合你和孩子的，哪些内容是适用的，以及你有哪些做出改变的可能性。选择你认为会对你的家庭产生影响的方法，并尝试一段时间。给自己一点时间，把建议逐一付诸实践。你不需要一次性做出所有改变。一步一步前进，你也能走得很远。我也很清楚，这本书并不能解答你所有的问题。如果真能那么简单就好了。无论如何，令你不知所措的麻烦总会一直出现（相信我，我对此十分了解）。最重要的是，要持续关注今天比昨天更好的地方。把这本书暂时放在一边，当你觉得需要的时候，再时不时拿出来看一看。在此，我还想再提一下，这是一本育儿书。我并不想坐在心理学家或教育学家的位置上。我写这本书是为了帮助你养育具有特殊个性的普通孩子。如果在阅读本书并应用这些建议后，你仍然怀疑你的孩子有更严重的问题，我建议你去咨询一位优秀的专业的儿童心理咨询师。

▌致 谢

这本书的诞生要感谢一群了不起的人。我对你们的付出深表感激。感谢安涅米克，感谢你的妙语连珠；感谢米罗，感谢你的精彩范例；感谢蒂夏，感谢你的满腔热情；感谢玛里丝，感谢你作为第一个审阅者给予我充满鼓励的反馈；感谢玛莉儿，感谢你提供的所有科学研究；感谢埃尔斯贝丝，感谢你驱散了我内心最挑剔的读者；感谢加布里埃尔，感谢你为事物命名；感谢卡罗琳，感谢你在书名上提供了最棒的建议；感谢玛夏，感谢你围成一圈的爱；感谢我在社交平台的关注者，感谢你们给我所有的灵感；还要感谢参加研讨会的人们，感谢你们提供的所有案例和经验。

我还想感谢以下人员对这个修订版本的贡献：感谢卢斯、伊韦特、蒂丝哈和薇薇安，感谢你们帮我考虑封面的设计；感谢来自科斯摩斯的梅兰妮和利塞特，感谢你们与我愉快地合作；感谢旧版本的所有读者，感谢你们向我分享了自己的经历，多亏了你们，我才能感受到我是如此热爱为了谁而写作；感谢蒂尔扎，感谢你写下我读过最美的序言；感谢简妮，因为你是任何人都希望得到的最佳得力助手。最后，感谢我的丈夫莫里斯，感谢你一直以来对我的信任，感谢你给了我创作这本书的空间和时间。很遗憾你没法看到这本书最新版本的出版了，但我知道你会多么地为我感到骄傲。

但最要感谢的当然还是我的四个孩子。你们每个人都有自己独特的气质。没有你们，我根本不可能写作。